歴史文化ライブラリー

372

戦乱の中の情報伝達

使者がつなぐ中世京都と在地

酒井紀美

JN082823

吉川弘文館

目次

東寺による直務支配

在地からのことづて――プロローグ

1　在地からのことづて

新見庄《にいみのしょう》は、備中国の北辺、中国山地のふところに抱かれるように在った。自分たちが住んでいるその場所について、三職《さんしき》と呼ばれた新見庄の庄官たちは、

　備後・伯耆・美作の三か国のさかいめ

と述べている。新見庄から山道をたどり峠を越えれば、その向こうには備後や伯耆や美作の国が広がっていて、まさに国の境目にある庄園だった。鎌倉時代に下地《したじ》中分《ちゅうぶん》されて地頭方と領家方に分かれ、室町時代には京都の東寺《とうじ》が新見庄領家方の領主であった。

　寛正二年（一四六一）八月三日、新見庄から一人の使者が東寺にやってきた。この使者は新見庄百姓等の申状《もうしじょう》（え函一〇四、京都府立総合資料館所蔵の「東寺百合文書」中の該当文書を収める函名と文書番号）を持参し、はるばる京都まで上ってきたのである。百姓等の申状には、次のよう

に書かれていた。

新見庄領家方では、このところずっと安富《やすとみ》殿の知行が続いていました。去年、百姓等は、東寺から直接に代官を下していただき年貢収納や庄内の管理をしてもらいたいと願い出たのですが、その儀はなく、東寺はまったく御領を御領とも思っておられないのだと歎かわしく思っておりました。ところが幸いなことに、新見庄の近隣にある国衙《こくが》領《りよう》一円で、こぞって安富殿の代官を追放する動きが起こり、すでに安富方の勢力はこの地域から追い出されてしまいました。だから、新見庄にも現在は安富方の代官はおりません。この機をとらえ、東寺の方から直に代官を下してもらって当庄を知行していただければ、公私ともにめでたいことだと存じます。このように御百姓として寺家を寺家と仰ぎ奉っておりますのに、東寺の方では、やはりまた誰か別の代官に新見庄を請け負わせようとお思いになられて、地下《じげ》のことを見放されてしまうようなことが、もし、あったとしても、御百姓等はたとえ何年に及ぼうとも、決してこれを承知するつもりはありません。できれば、この状を持参した使いとともに、すぐにも東寺から直務の御代官が下向してくださるならば、百姓等として、これ以上ありがたいことはございません。

おそらく「新見庄御百姓等」から出されたこのような申状が東寺に届けられたことは、これまでほとんどなかったのではないだろうか。これ以後、十年あまりのあいだ、新見庄と東寺とを結

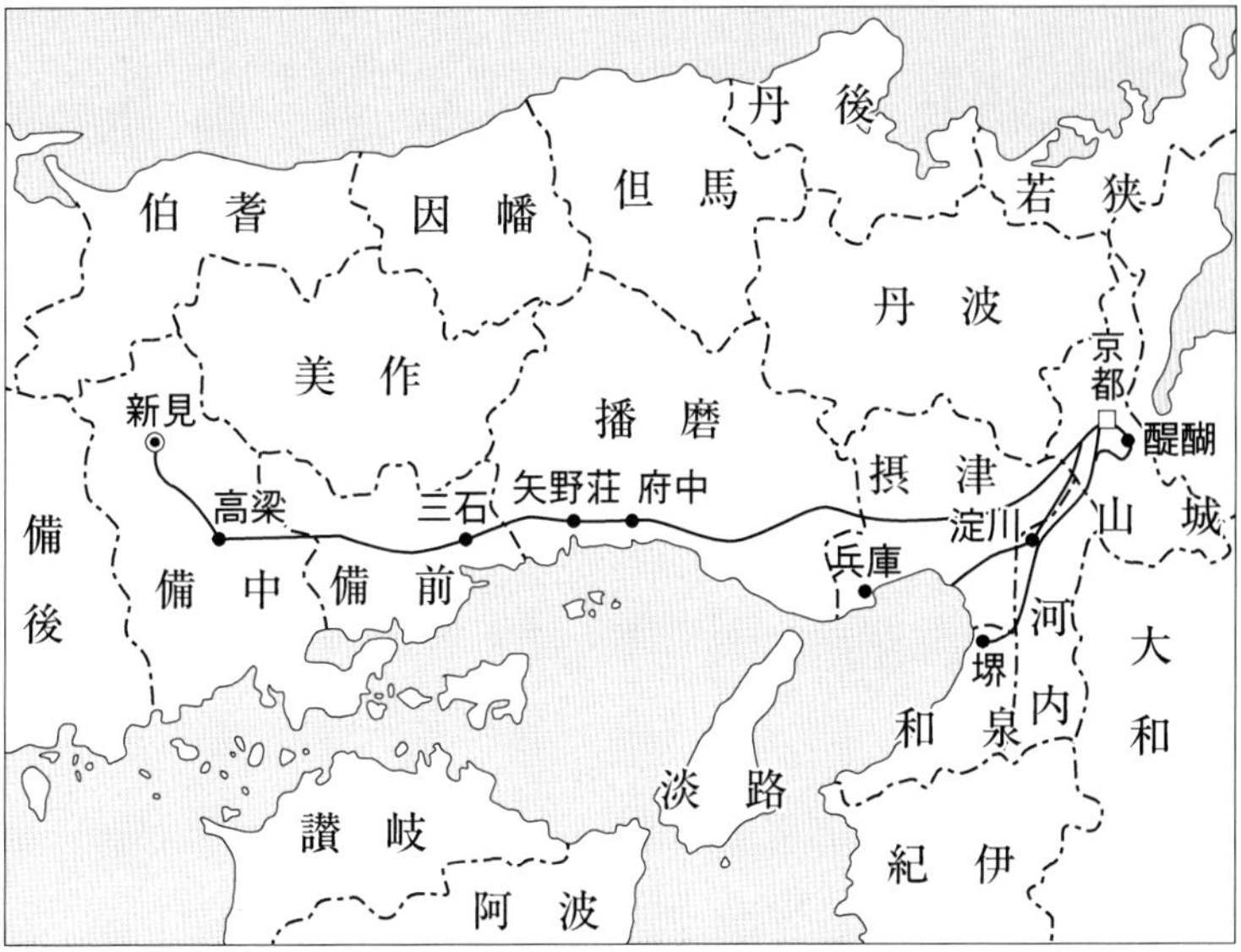

図１　京都と新見庄間の経路

んで頻繁に文書が行き交い、濃密な情報交換がおこなわれるようになる。この百姓等申状はその最初の文書である。「寺家を寺家と仰ぎ」、自らを「御領の御百姓等」と位置づけるこの申状は、中世社会の在地の百姓等が拠って立つ場を、くっきりと描き出している。

東寺ではさっそく、寺僧たちによる評定（会議）が開かれた。新見庄は、東寺に寄進されるまでは最勝光院領《さいしょうこういんりょう》庄園群の一つだったので、東寺における新見庄関連の評定は最勝光院方と呼ばれる寺僧集団によっておこなわれた。「この百姓等の申状によれば急いで直務《じきむ》代官を下してほしいとのことだが、この申状の文面を読むだけでは現地の状況がうまくつかめない。まずは使者から詳しい事情を聞いてみようではないか」（け函一二）ということになり、この申状を新見庄から東寺まで運んできた使者が、最勝光院方供僧《くそう》等の評定の場に呼び出された。使者は、

> 安富方の勢力はこの地域からすでに退出してしまっています。百姓等は起請文《きしょうもん》を書き、「神水」を呑んで、前代官の安富方を永久に受け容れないと気持ちを一つにし、かたく神仏に誓約しております。ぜひとも、この機会をとらえて、急いで直務の御代官が下ってきて、庄の管理に当たってください。

と言い切った。

そこで東寺は、最勝光院方供僧等の衆議として、「幸い、百姓中の連判状も作られているとのことなので、急いでそれを進上せよ」と命じる「東寺書下《かきくだし》」を使者に持たせて新見庄に帰らせ

た。この「東寺書下」は、最勝光院方供僧等の衆儀を受けて、東寺公文所《くもんじょ》の惣公文と最勝光院方公文の二人が連署《れんしょ》する奉書《ほうしょ》である。このときに下された「東寺書下」には惣公文浄聡と最勝光院方公文宝俊が署判《しょはん》を加えた。以後、基本的に、地下への命令や指示は、この「東寺書下」をもっておこなわれる。

この命令は新見庄においてすぐに実行に移され、八月二十二日には三職注進状《ちゅうしんじょう》（え函一一六）と名主百姓等の連署申状幷起請文（え函一二三）が東寺に届いた。百姓等の連署申状には、

千に一つ、万に一つも、安富殿が備中国で代官職を安堵されるようなことがありましても、新見庄の御百姓等は決して承知いたしません。寺から下った御代官を仰ぎ奉って、年貢や公事《くじ》を間違いなく納入いたします。もしも、この約束を違えるようなことがありましたなら、東寺の大伽藍にまつられている仏たち、特に弘法大師・鎮守八幡大菩薩、また伊勢天照大神宮を始め奉り、王城の鎮守、日本六十余州の大小の神祇、とりわけ新見庄の五社八幡、庄内の大小の神祇の御罰をこの身に蒙ることになりましょう。だから、決して嘘偽りを申し上げることはありません。

と四十一名の名主たちが連署して、安富氏の追放と東寺直務代官への忠節を強く誓う起請のことばを載せている。

これによって、新見庄名主百姓等の強い決意と結束の堅さを確認した東寺では、八月二十八日

に評定を開き、室町幕府奉行人で東寺奉行の清和泉守貞秀を通じて、請負代官安富の解任と東寺の直務支配を認めてもらえるよう幕府にはたらきかけることにした。

しかし、安富氏は室町幕府の管領《かんれい》細川勝元の重臣である。そのような有力な請負代官の安富氏を排斥するのは、とても難しいことではないかと思われた。ところが、九月二日に幕府から出された奉書（ホ函五二）には、安富筑後入道智安は請文《うけぶみ》で約束した内容に背いて、東寺に納入すべき新見庄領家方の年貢を長年にわたって過分に未進してきた咎により、その代官職を改替すると明記されていた。このとき、備中国守護代宛てにも東寺の新見庄直務を認めるように命じる奉書が出された。備中守護細川勝久の家来たちが現地であれこれと介入してくるのを阻止するためだった。ここに、東寺による新見庄の直務が幕府から認められることになった。

実際には、すでに安富方の現地代官は、百姓等の結束した力によってこの地域から追い出されていたのだが、このような室町幕府の奉行人連署奉書が出されることによって、請負代官である安富智安の解任と東寺の直務支配が公的に承認され、ここから東寺による新見庄の直務がスタートする。

寛正二年八月三日に東寺に届けられた一通の百姓等申状をきっかけにして、これ以後、応仁の乱中にいたるまで、新見庄と東寺とのあいだを頻繁に文書が行き交い、さまざまな情報交換がおこなわれた。本書では、この寛正の時期から応仁の乱中までの十年あまりの時期に、新見庄と東寺のあいだで交わされたコミュニケーションのありさまを、詳しく追いかけてみようと思っている。

その際、留意したい点が二つある。まず一つは、いなかと京都のあいだを往還する文書には、必ずその運び手がいたということである。多種多様な通信網がはりめぐらされた今日の情報伝達のあり方とは違い、中世の情報は人の動きとともに動き、情報が伝わる道は人の動く道と同じだった。だからここでは、新見庄と東寺との情報交換を実際に担った「使者」の存在に注目し、彼らの活動を追いかけ、そのすがたを浮かび上がらせたい。

二つ目は、いなかと京都を行き来した文書、特に百姓等申状や三職注進状の内容を詳しく読みながら、中世の在地社会の人びとが共有していた意識や思想について考えてみたいと思う。

思想などというと、単なる直感や断片的な意識ではなく、何か全体的な、論理的にまとまった思考の体系というイメージがあるため、中世の在地の人びとにはおよそ似つかわしくないように思われるかもしれない。しかし、自らをとりまく現実のさまざまな問題を受けとめ、局面を打開するために行動する中で生み出されてくる彼らのことばには、思想と呼ぶにふさわしい内実が備わっている。たとえば、「末代」「恥辱」「由緒」「引懸《ひっかけ》」「弓矢」「勢遣《せいづかい》」「生涯《しょうがい》」「物忩《ぶっそう》」などの語は、普通に日常のことばとして使われているようでいて、じつは彼らが置かれている状況を踏まえた、的確な時代認識を示すことばになっているのである。そのようなことばをひろい集め、そこから中世在地の思想の一端でもつかみ取ることができれば、と願っている。

歴史上のできごとは、ややもすれば、権力の問題、国家の物語に集約されてしまいがちである。けれども、過ぎ去った時間の中で生きていた個々の人たちのすがたを思い浮かべ、彼らが語る在地からの「ことづて」に耳を傾け、具体的な個別の物語をつむぎ出すこと、これを本書の課題にしたい。

新見庄の現地案内

二人の上使、新見庄へ

室町期庄園の現地案内

室町幕府から正式に直務《じきむ》を認められたにもかかわらず、東寺《とうじ》は、直務代官をすぐに決定することができなかった。東寺にとって何もかもが準備不足で、直務代官の人選にかかる前に、まずは現地の状況をつかむことが当面の課題だった。そこで、急いで、上使《じょうし》を新見庄《にいみのしょう》に下そうということになり、東寺公文所《くもんじょ》の構成員である寺官の中から、乗観祐成と乗円祐深が任命された。彼ら二人が新見庄に到着したのが寛正二年（一四六一）十月二十一日である。二人は現地に入ると、すぐに、庄官である田所《たどころ》金子衡氏・公文宮田家高・惣追捕使《そうついぶし》福本盛吉らの三職《さんしき》から事情を聞き、新見庄をとりまく状況を把握するため情報の収集に努めた。そして、十一月十五日になって、十二ヵ条にもわたる長い長い連署注進状《れんしょちゅうしんじょう》（え函二八）を東寺に送ってきた。

この注進状の最初には、

庄下（家）について、京都の東寺の方で心得ておいていただきたいこと

と書かれている。何十年ものあいだ請負代官の安富《やすとみ》方に新見庄領家方の庄務を任せてきた東寺では、自領といっても、新見庄に実際に下った者は近年ほとんどいなかった。ところが、ここにきて、在地の百姓等の強い要求と行動に押されるようにして幕府に訴え、直務支配への承認を得て、東寺は新見庄と向き合う必要にせまられたのである。上使の祐成・祐深の下向は、庄園領主側として、本当に久しぶりの現地入りであった。だから彼らは、とても詳しく丁寧に、自分たちが見聞きした庄の内外のようすを注進状に記して送ってきた。今後、新見庄の所務を実際におこなっていくうえで、京都の東寺の側で心得ておくべきことは数多くあった。この注進状は、東寺にいる寺僧や寺官たちに対する「現地案内」として書かれたのである。

しかも、それだけでなく、この時期から数えて何百年も後の時代に生きている私たちも、この上使連署注進状を読み進めていくうちに、室町時代の庄園というものがいったいどんなだったのか、その具体的な姿がとてもよくわかる。そう考えると、これは、長い時間を越えて、現代の私たちにまで伝えられた室町期庄園の「現地案内」でもあるのだ。

酒迎

さて、二人の上使は、自分たちが新見庄に入ったときのようすについて、

一、私たちが庄へ入りましたのは十月二十一日でした。村社《むらこそ》という在所から、両

人とも馬に乗って入りました。出迎えの人数は百人あまり、みな松明《たいまつ》をともして迎えてくれました。戌の刻（夜の八時頃）のことです。庄内の市場で、三職と名主《みょうしゅ》たちが出向かえてくれて、「酒迎《さかむかえ》」になりました。このようなにぎやかな様子は、きっと国方（守護方）へも当然のことながら聞こえており、私たちが庄に入ったという情報は向こうにも十分に伝わっていることでありましょう。庄境まで迎えをよこしたり「酒迎」をするなど、すべては三職の取り計いによるものです。

と書いている。「酒迎」は、「坂迎」「境迎」とも表記され、「平安時代、新任の国司が京都から任地へ行くとき、国府の役人が国境に出迎えて歓迎の酒宴を催すこと」「旅から郷里に帰って来る人を国境・村境の坂まで出迎えること、また出迎えて酒宴をすること」である。新たに直務を始めることになった庄園領主の東寺から新見庄に下ってきた二人の上使は、新任の国司のように歓迎され、また旅に出ていた村人の帰還を喜ぶ酒宴の席にも似た雰囲気の中で、迎え入れられたのである。

新見庄の市場

庄境まで出迎えた百人あまりに、三職や名主など庄内の主だった百姓たちが加わり、歓迎の酒宴が開かれたのが「市場」であった。この「市場」について上使連署注進状では、

一、当庄に市場があります。半分は地頭方、半分は御領（東寺領）です。ここには、国衙《こくが》領《りょう》

> からも守護領からも、さらに他国からも大勢の人びとが集まってきて活動しますので、きっと何かことが起こるとすれば、ここから始まることになるでしょうが、それはそれで仕方のないことだと三職は申しています。

と記されている。市場は物品の交換や売買がおこなわれる場である。はじめは、季節の変わり目や特別な日にだけ市が立ち、そのうち、毎月の決まった日に開かれるようになった。

物の交換や売買をする市場は、物資の輸送に便利で多くの人が集まってくることのできる場所に開かれた。新見庄は、以前から領家方と地頭《じとう》方に中分されていたが、市場は「半分は地頭方、半分は御領」とあるように、地頭方と領家方の接点に位置し、その場を管轄するのが誰なのかよくわからない、まさに境界の地にあったのである。新見庄の市場には、国衙領からも、守護領からも、また備後・伯耆・美作などの他国からも多数の人が集まって来て交易活動がおこなわれた。だから、何かトラブルが発生するとすれば、きっとこの場から始まることはわかっているのだけれど、それはそれで致し方ないことだと三職は言っているという。ここには、市場の持つ境界的な性格がよくあらわれている。

領家方と地頭方

この時期、新見庄領家方を取りまいて国衙領や守護領が広がっており、さらには隣接する備後や伯耆や美作などの他国勢にいたるまで、さまざまな勢力がひしめきあっていた。備中国の国衙領を掌握していたのは、小川信氏や末柄豊氏が明らかにさ

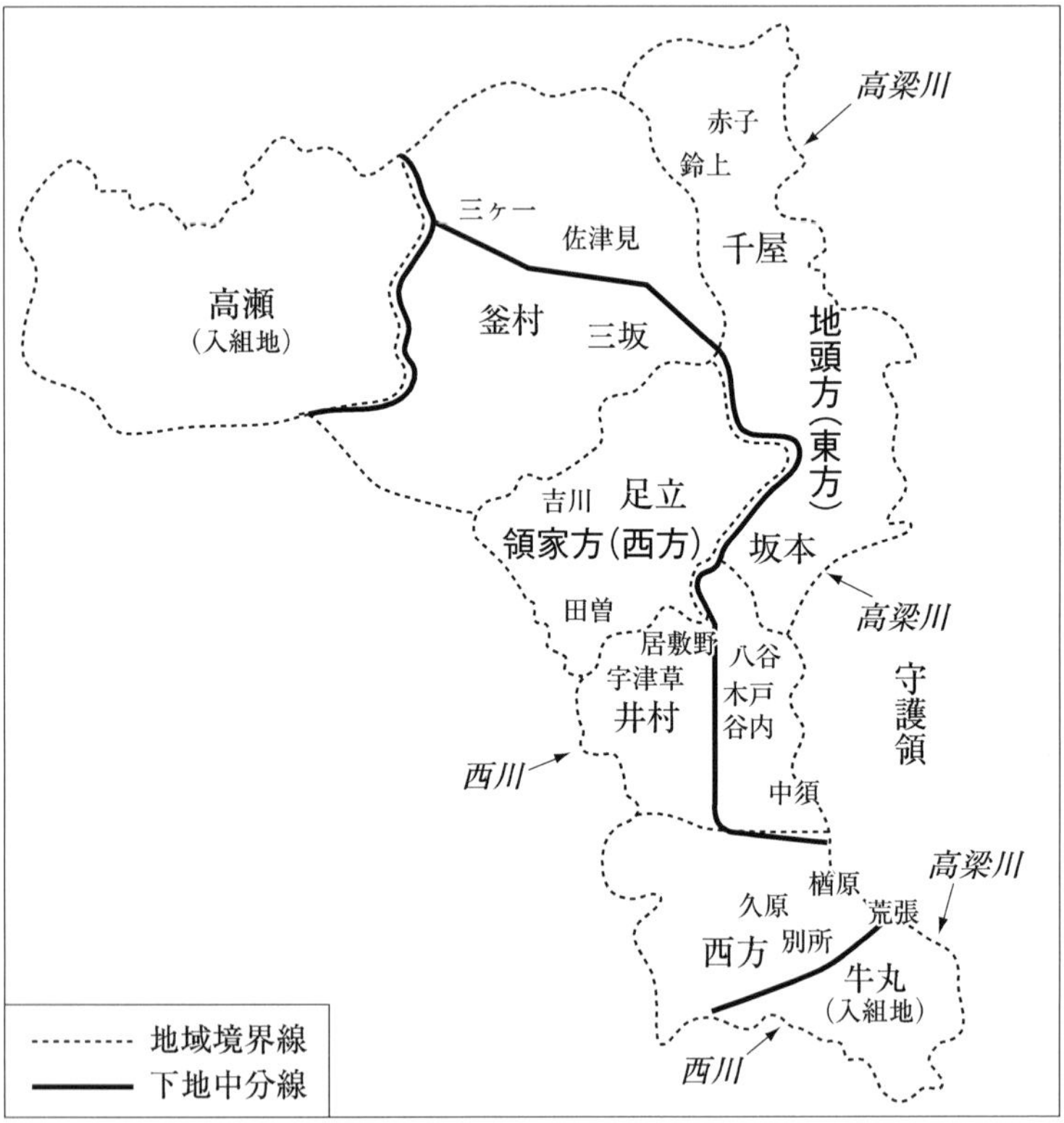

図2　新見庄全体図
（出典）　似鳥雄一「備中国新見荘にみる名の特質と在地の様相」をもとに作成.

図３　高瀬の高林寺周辺（高橋傑撮影）

れたように細川氏の惣領家（京兆家）である。このときには管領《かんれい》細川勝元の領地で、代官にはその重臣が任じられていた。守護領は備中守護細川勝久の領地で、守護被官たちがおさえていた。

上使の注進状には、こうした諸勢力の競合関係についても詳しく書かれている。

一、当庄の広がりは、長さは七里です。横は一里あり、皆々山の中の村々です。中に河が流れています。庄内の西と南には御寺領が広がり、東は地頭方の領域となっています。備中の守護所へは、ここから十五里の山を隔てています。けれども守護方の勢力はこのすぐ近所にまで及んできていて、近隣のあちこちの在所が守護の領地です。

一、国衙領の代官は、以前は安富入道でした。今年からは薬師寺方に変更されましたが、国の又代官は、安富方のときも大橋で、そして当年も大橋がつとめています。この大橋は、この夏までは新見庄の又代官でもありました。また、多治部という在所に国衙領の政所《まんどころ》が置かれていて、それはここから道のりにして一里を隔てたところにあります。国衙領は一万六千貫の在所だと言われています。

新見庄が立地する空間的な概容について、上使注進状は、まず当庄の広さが長さ（南北）七里、横（東西）一里で、中に川があること、庄内の西と南は領家方、東は地頭方に分かれていることを明記している。新見庄の領域について、鎌倉〜室町初期の土地台帳をはじめとする帳簿類を詳細に分析した似鳥雄一氏は、当庄が「南流する高梁川の最上流部とその支流である西川という二つの河川に挟まれた領域を中心としており」「下地中分によって庄域はおおむね東西に分割され」「例外的に高瀬は両者の入組地」で、「庄の里方の最南端にも入組地が存在する」と指摘し、図2のように領家方と地頭方の関係を地図に示された。

領家方をとりまく勢力

この当時、新見庄が置かれていた政治的な位置づけについても、上使注進状は詳しく語っている。まず、備中高梁に守護所が置かれていて、新見庄からそこまでは十五里の山道を隔てている。しかし、守護方の勢力は新見庄のすぐ近くにまで及んでおり、近隣の数多くの在所が守護領になっていること、また管領細川勝元の領地である国衙領の代官には、その重臣である安富入道が任命されていたが、今年からは同じく重臣の薬師寺方がその任に当たっている、しかし実際に現地で動く国の又代官は、安富のときも大橋という人物で、今年薬師寺方に代官職が代わっても又代官は相変わらず大橋であること、大橋はこの夏に追い出されるまでは新見庄の又代官でもあったこと、国衙領の政所は新見庄からほんの一里しか離れていない多治部にあることなど、三職などから聞かされた新見庄の現状を書き送り、安富方が請負代官であったこれまでの新見庄が、国衙領とまったく同じ支配態勢のもとに置かれていたという事実を、京都の東寺の方でもよくよく認識しておいてほしいと求めている。

中でも特に、国衙領は「一万六千貫の地」であると記されている。この数字は、新見庄領家方を安富氏が請け切っていた額「百五十貫」と比較すると、なんと、その百倍以上にも当たり、備中国における細川勝元の支配領域の広大さがとても強く印象づけられる。

守護不入の地　このように見てくると、広大な国衙領や守護領に囲まれて、新見庄領家方はその中に一つポツンと置かれた小さな存在のように思えるかもしれない。けれども、その地に住む百姓等の意気は、なかなかに盛んなもので、

一、当庄は守護不入の地で、白河院以来の三代御起請符の地です。庄内で事件が起きれば、三職の一人である惣追補使が頭となって、直務の御代官に成敗を仰いで、犯人を追補し事件を解決してみせます。ですから、庄内でことが起こっても、守護方の郡代などには、ま

ったく連絡を取るつもりはありません。京都の方でも、この点をよくよく承知なさっておいてください。三職や百姓等は、このように申しております。
一、管領細川勝元さまの御裁定があれば、国方や国衙方からすぐにも新見庄に軍勢が打ち入ってくるに違いないとのうわさが広まっています。しかし、そうなれば、山道を切り塞ぎ、こちらも武器を取って防戦するつもりです。三職や地下人《じげにん》等の一族が結集すれば、武装した勢力は四、五百にはなるでしょう。御代官が大将になってくれさえすれば、私たちは野の末、山の奥までもお供をして防戦に励めます。そうすれば、おそらく三ヵ国から攻められても落ちることはありますまい。三職や百姓等はこのように言いますが、実際にこの庄に下ってきて、地下人や在所のありさまを目の当たりにしますと、確かにそのとおりに違いないと思えてきます。

と、百姓等の強気の発言を聞いた上使はこのように書き送ってきた。「三代御起請符の地」とは、白河・鳥羽・後白河の三代の上皇の時代に、それぞれの院の起請文《きしようもん》（御起請符）をもって不入権が認められ発展をとげてきた庄園を、後代になってこのように呼ぶようになったものである。新見庄は、後白河院の建立した最勝光院《さいしようこういん》の所領として鎌倉時代初め頃には成立していたと考えられているが、それはこの寛正二年の時期から数えて三百年も前のことになる。それ以来ずっと、当庄が「三代御起請符の地」として、庄園の現地で語り継がれて意識され続けてきたかどうかわからないが、このたび庄園領主の東寺による直務が認められたうえは、まず何をおいても「守護不入」を実現しなければならないというのが、このときの新見庄百姓等の強い思いであったことだけは確かである。庄内で何か事件が起きても、守護方の郡代などに知らせることなく、惣追補使が中心になって問題の解決をはかる。管領や守護の命令があればすぐさま軍勢が打ち入ってくるといううわさもあるが、三職や百姓等の一族が集まれば「甲の四、五百もあるべし」、そうなれば「三ヵ国よりせむるとも落ちるまじ」、このように庄民たちは豪語している。それが、単なる強がりなどではなく、実際にこの場に立ってみると、本当にそうだと思えるようになったと上使は書き送ってきた。

　新見庄の三職や百姓等がこのように強気だったのは、最初に東寺に届いた百姓等申状《もうしじょう》（え函一〇四）に、「国中国衙一円に、代官安富方を追放する動きが起こり、すでに安富方の勢力はこの地域から追い出されてしまっています」とあったように、近隣の国衙領の百姓等と連携を強めて、安富方の勢力をこの地域から追い出す動きを繰り広げていたからである。国衙領の方では、それが薬師寺氏への代官交代となり、新見庄領家方では東寺の直務へと事が進んだわけで、新見庄の百姓等は、広大な守護領や国衙領の中に一つポツンと置かれた孤立した存在などではなく、近隣の百姓等と連携を強めて、安富方の勢力を追い出す動きに全力を尽くしていたのだ。

奇妙な形の花押

けれども、このような百姓等の動きを主導している三職《さんしき》、田所《たどころ》金子衡氏・惣《そう》追捕使《ついぶし》福本盛吉・公文《くもん》宮田家高の三人は、たいそう微妙な立場にあった。それ点について、同じ上使連署注進状《じょうしれんしょちゅうしんじょう》に、

安富方の被官

一、三職が申しますのには、このあいだまで自分たち三人は、安富《やすとみ》方の被官でした。けれども、命を捨てる覚悟で御本所さま（東寺）を頼って、このような行動に出ました。じつはこれまで、御本所宛てに書き送った三職注進状には、安富方への聞こえを恐れて、本当の花押《かおう》とは別の判（花押）を作って書き載せてきました。本当のことを申しますと、このたびの注進状に載せた判が私たちの本当の正しい判です。このように、なかなか難儀なことをしているのですから、自分たち三人だけで年貢を取り立て所務をおこなうなどというこ

とは、決してできるものではありません。だから、何とぞ、一刻も早く東寺から直務《じきむ》の御代官を下してください、と申しています。

と書かれている。

新見庄《にいみのしょう》領家方では、室町時代の初め頃から安富方の代官請負が長く続いていた。その中で、近隣の国衙《こくが》領《りょう》と同じように、新見庄の所務を担当していたのは安富方の又代官であった。そして、田所金子衡氏・公文宮田家高・惣追補使福本盛吉の三人も、安富氏と主従関係を結び、被官となって、実際の庄務を担ってきた。それが、このたび、百姓等の動きと連帯して、これまで結んできた安富方との主従関係を断ち切って、命も捨てる覚悟で、三職は東寺《とうじ》を頼って動いたのである。それなのに、直務代官が下って来ないで、別の請負代官が支配に当たるなどということになったのでは、自分たちの覚悟は水の泡になってしまう。三職はこのように訴えた。

これこそが本の判

そして、次に、彼らは驚くべきことをうちあける。じつは、これまで東寺に対して出してきた三職注進状に、自分たちの本当の花押とは別の判を「作判」して書き載せてきた。しかし、今やこのように上使も下ってきてくれて、直務実現の見通しも立ったので、このたびの注進状からは「本判」を書いて送るから、東寺の方でもその点を承知しておいてほしい、とのことだった。

三職はなぜ、このようなことをしたのか。それは、もしも、安富氏の請負代官をやめさせ直務

図4　いなかと京都の情報交換図（1）

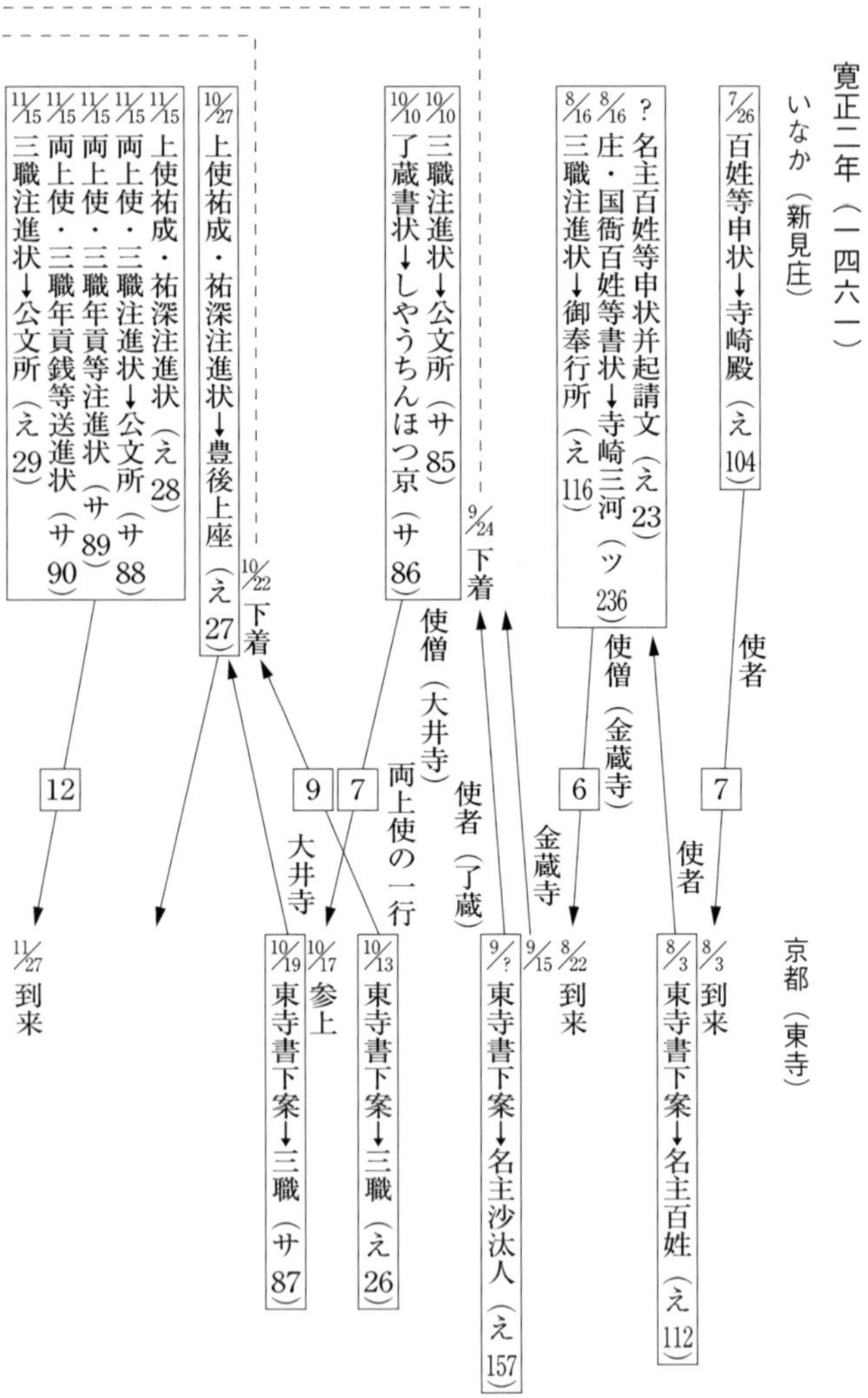

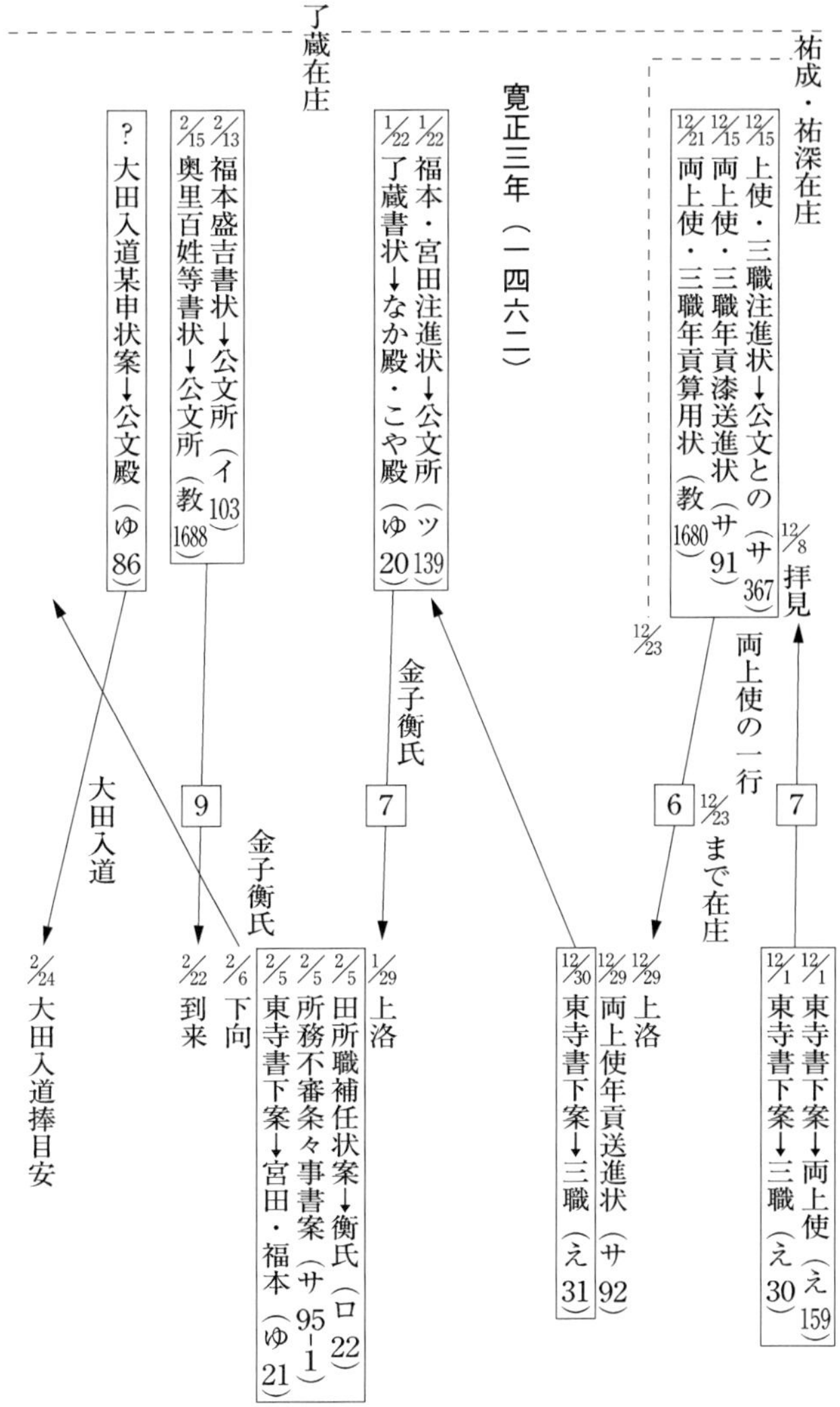
祐成・祐深在庄
12/15 上使・三職注進状→公文との（サ367）
12/15 両上使・三職年貢漆送進状（サ91）
12/21 両上使・三職年貢算用状（教1680）
12/8 拝見
12/23
両上使の一行
12/23まで在庄
7
6
12/1 東寺書下案→両上使（え159）
12/1 東寺書下案→三職（え30）
12/29 上洛
12/29 両上使年貢送進状（サ92）
12/30 東寺書下案→三職（え31）
寛正三年（一四六二）
了蔵在庄
1/22 福本・宮田注進状→公文所（ツ139）
1/22 了蔵書状→なか殿・こや殿（ゆ20）
金子衡氏
7
1/29 上洛
2/5 田所職補任状案→衡氏（ロ22）
2/5 所務不審条々事書案（サ95-1）
2/5 東寺書下案→宮田・福本（ゆ21）
金子衡氏
2/6 下向
2/13 福本盛吉書状→公文所（イ103）
2/15 奥里百姓等書状→公文所（教1688）
9
2/22 到来
? 大田入道某申状案→公文殿（ゆ86）
大田入道
2/24 大田入道捧目安

にしてほしいと東寺に訴えている三職の注進状が、当の安富方の手に入りでもしたら、一大事だと恐れたからである。「作判」した注進状であれば、安富を排斥し東寺の直務を実現したいという三職や百姓等の望みが実現しなかった場合にも、三職注進状に書かれた花押は自分たちの花押ではないから、その注進状を出したのも自分たちではない、そのように言い逃れができるよう「作判」したのである。安富氏とのあいだに被官関係を結んでいながら、自らそれを断ち切って、庄園領主の東寺を直接頼るという選択は、「命を捨てて」と彼らが言うように、とても大きな覚悟を伴うものだった。ことがうまく運ばなかった場合、これまで彼らが庄内で築いてきた地位を失うだけではなく、自らの生命の危険さえ覚悟しなければならない決断であった。それでも、安富方の排除に動いたところに、三職たちの決意の強さを感じるが、同時に、用心のため「作判」したという事実からは、当時の複雑な社会関係の中を生き抜く三職のしたたかさも見えてくる。

いなかと京都の情報交換

二二〜二三頁の図4は、この寛正二年（一四六一）に新見庄と東寺のあいだで交わされた情報交換のようすを表示したものである。

図の上部に新見庄から出された文書、下部に京都の東寺から出された文書を記入した。（　）内には「東寺百合文書《とうじひやくごうもんじょ》」の文書番号を入れておいた。それぞれの文書の運び手がわかる場合は、矢印の上にその名前などを記した。矢印の真ん中に□で数字を入れてあるのは、文書が届けられるまでにかかったおおよその日数である。もちろん文書の日付がそれを届ける使

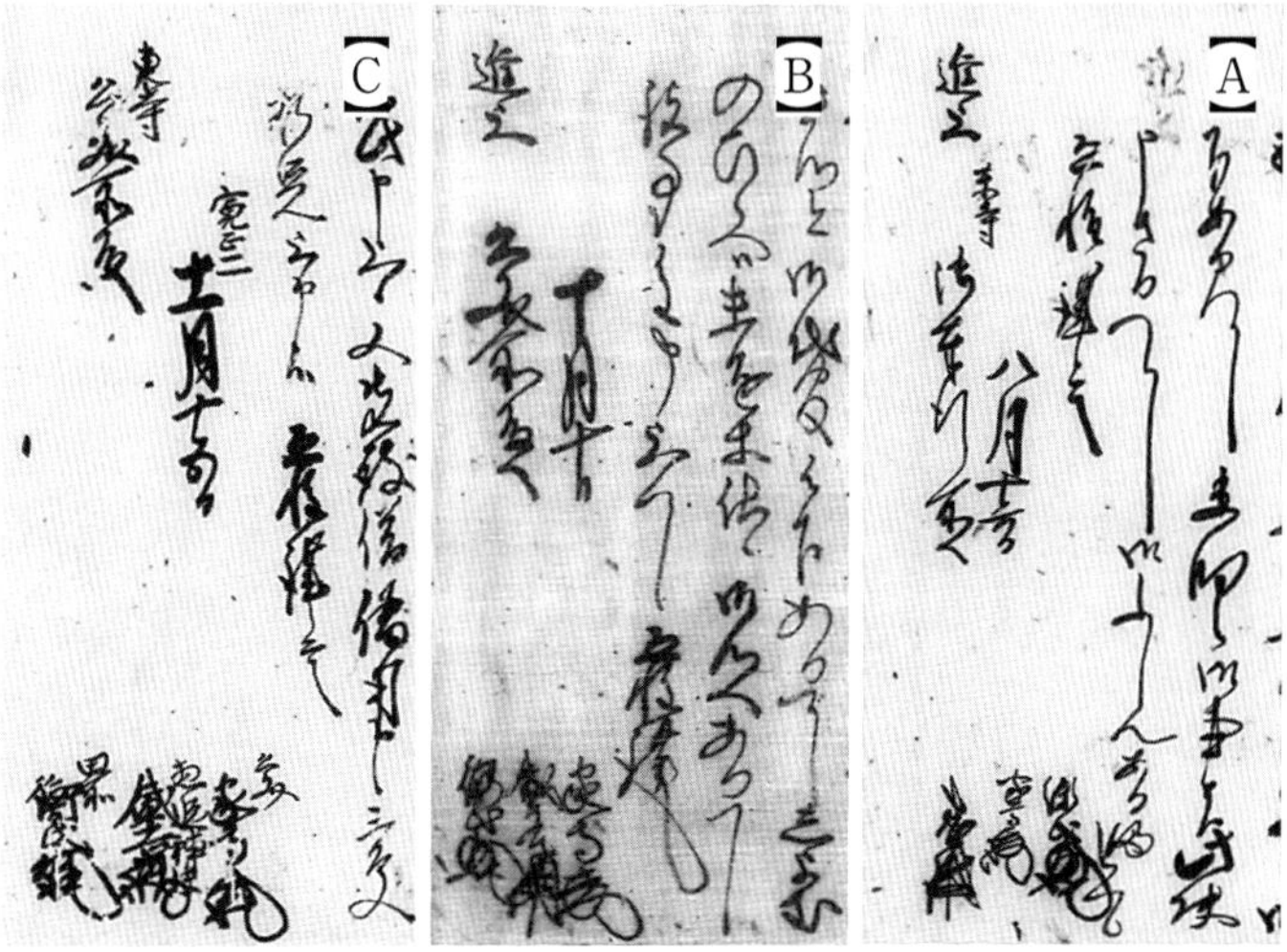

（【A】え函116）　（【B】サ函85）　（【C】え函29）

図5　花押の比較　寛正２年の３通の三職連署注進状

者の出発した日と同じだとは限らないので、あくまでもこの数字は、新見庄と京都の情報伝達に要した日数のおおよそを示すものにすぎない。

作判と本判の比較

この年に出された三職注進状のうち、これこそが「本判」だと彼ら述べているのは、十一月十五日付の三職注進状（え函二九）で、これは文書の署判《しょはん》部分を載せた写真【C】であり、上の図5にも【C】の記号を記入しておいた。すると、これ以前に出した八月十六日付（え函一一六）と十月十日付（サ函八五）の三職注進状が「作判」したものということになる。これらを【A】【B】とする。

そのうえで、写真の署判部分をくらべ

てみると、明らかに【A】【B】と【C】とでは花押の形が違っている。【A】【B】が作為的に作られた花押らしく稚拙で奇妙な形をしているのに対して、【C】はじつに立派な書き判で、それぞれの名前の書き方も明瞭である。これ以後、三職注進状は数多く出されているが、そこには、ずっと一貫して、【C】と同じ花押が書かれている。これこそが彼らの「本判」だった。

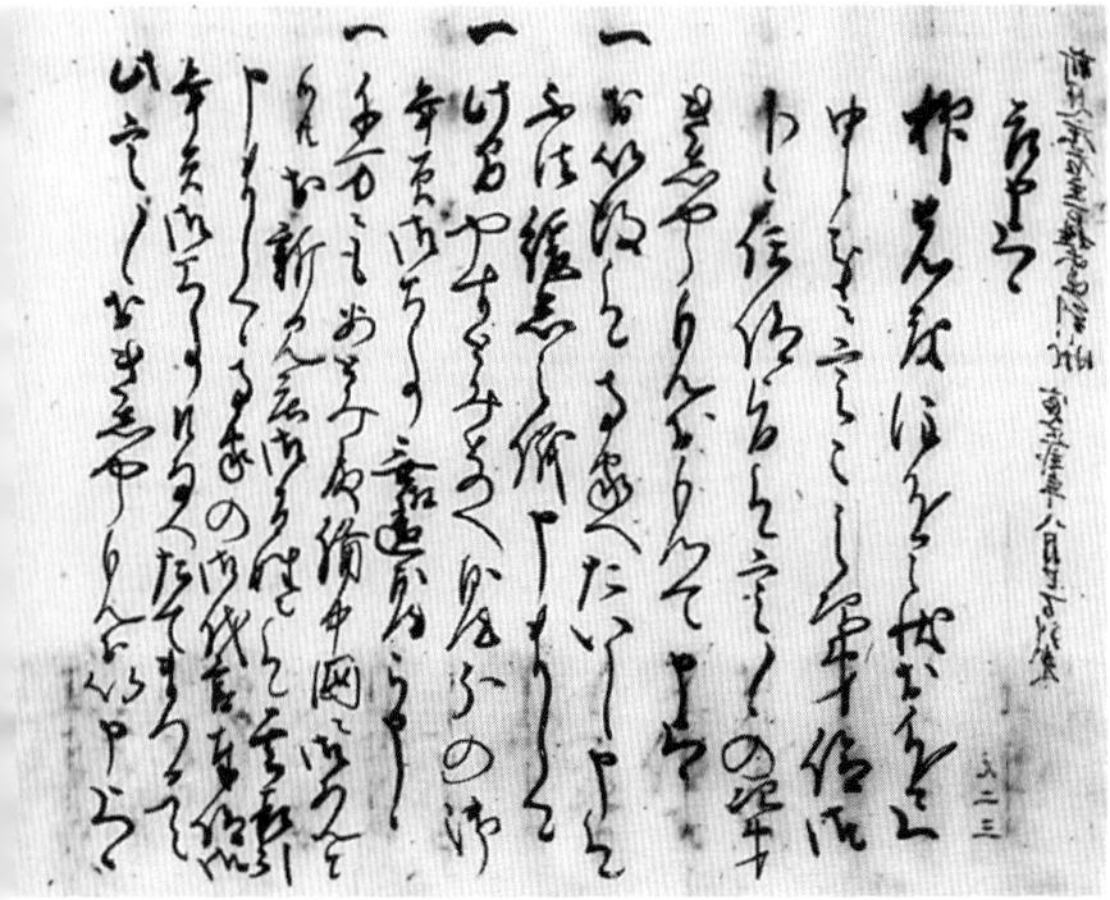

これまでも私たちは、中世の歴史を考える手がかりとして、文書に書き載せられた花押に注目してきた。中でも、将軍や大名たちのような政治史上の重要人物の花押については、その変遷を注意深く追いかけてきた。けれども、いなかの庄園の、庄官たちの花押の形がどのように変化したかなどは、さほど気にも懸けずにいたのではないだろうか。しかし、中世社会において花押の果たした重要な役割を考えてみるとき、いなかの庄官や百姓等の花押や略押《りやくおう》であっても、それは決して無造作に書かれてはいなかったはずである。この三職の「作判」「本判」をめぐる問題は、そのことを改めて私たちに思い

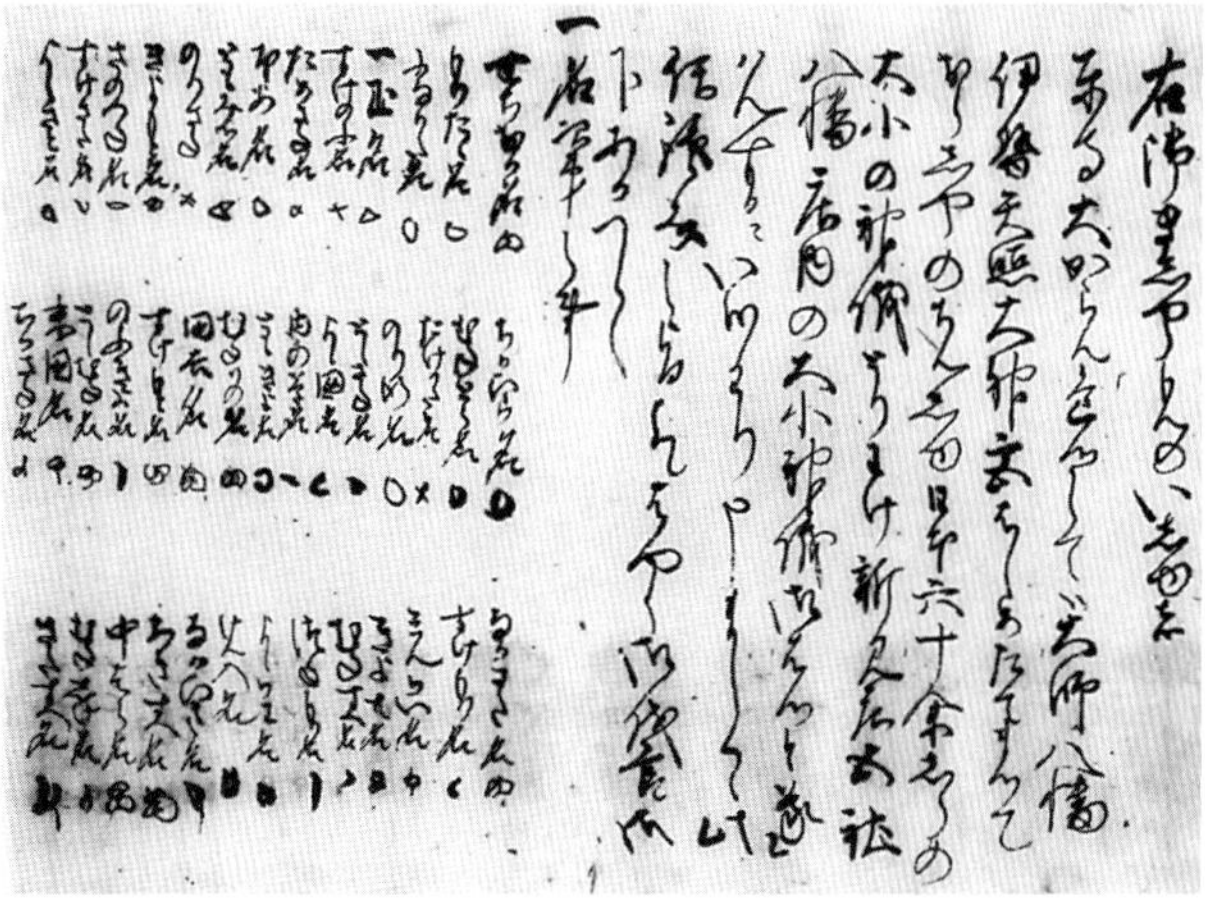

図6　寛正2年8月22日到来　名主百姓等起請文（え函23）

知らせてくれる。

判形の確定

さて、「本の判」を書き載せて注進状を送ってきた三職に対して、東寺の方でも、今後東寺から新見庄に出す書下や年貢受取状に、ここに書かれている「両判」、すなわち東寺公文所の惣公文と最勝光院《さいしょうこういん》方公文の判が載せられてなければ、その指示に従ってはならない（え函一五九）。また新見庄から届いた注進状も、今回のこの「三職の判形」を「本」とするので、これ以外のものをいっさい取り次いではならない（え函三〇）。そのように定め、ここで厳密に互いの花押の形を確定しあった。

直務が承認され、改めて東寺と新見庄とが情報の交換を始めるにあたって、まず最初に両者のあいだでなされたのは、互いの花押の形を示し、今後は、互いが出した文書の正当性をそれによって確認しあうことであった。今、私たちが、互いのメールアドレスの交換をするように、それぞれの判形を確定しあうという手順を踏んで、はじめて、いなかと京都のコミュニケーションが開始されたのである。

自分自身の花押について三職が示したこのような用心深さを見ていると、もう一つ、気になることが出てくる。それは、寛正二年八月に出された名主《みようしゆ》百姓等の起請文《きしようもん》（え函二二三）の「名次第の連署」（二六〜二七頁の図6、プロローグの五頁を参照）に関してである。

名次第の連判

ここには、安富氏を永久に代官として認めないことと直務代官への忠節を誓って、新見庄の里・中奥・奥のすべての地域の名主四十一名が連署している。ところが、その「名次第の連判」の中に、公文宮田の成沢名、田所金子の延房名、惣追補使福本の得永名の三名が、そろいもそろって見えないのだ。「御百姓等皆々れん判をもって申し上げ候」と三職が注進状に記しているにもかかわらず、当の三職は「名次第の連判」に加わっていない。ここにもまた、東寺による直務が本当に実現するまで、安富方に対して用心を怠るわけにはいかなかった三職の微妙な立場が示されているのではないだろうか。

年貢高と古帳

さらに、二人の上使《じようし》の注進状《ちゆうしんじよう》には、東寺《とうじ》の直務《じきむ》支配にとって最も重要なことが書かれていた。それは庄務の中軸となる年貢高をめぐる問題である。

年貢高をめぐって

一、地下《じげ》の年貢高は、京都で私たちが承っていたのとは違っております。帳面から概要を書き上げて、お心得のために注進いたします。私たち両人は、考えの及ぶかぎり淵底まで手だてを尽くして尋ね究めましたが、三職《さんしき》はこれで間違いないと主張しています。

領主にとって、自分の領地からどれほどの年貢や公事《くじ》が納められてくるかは、最も大きな関心事である。しかし、東寺は新見庄《にいみのしよう》領家方の支配を長く細川京兆家の重臣安富《やすとみ》氏に任せっきりで、百五十貫文という請け切り額の納入を待つだけという状態が、何十年間にもわたって続いてきた。近年は未進がつのり、その請負額の納入もほとんど滞っているようなありさまだったのに、ただただ手をこまねいているだけだった。それが一転し、実際に直務支配をするという段になって、急いで何十年も以前の年貢納帳などを引っぱり出して、その年貢高を下向する上使に伝えていたのである。ところが、新見庄に下ってきた二人の上使は、それとは異なる年貢高を三職から告げられた。三職の一人、公文《くもん》の宮田の家で保持している永享十年（一四三八）八月日の古帳（ク函四〇）を示し、これこそが新見庄領家方の年貢公事物帳に間違いないと言うのである。永享十年と言えば、安富方が請負代官として支配していた時期である。

公文は文書の庄官

中世の土地台帳について丹念に分析を加えた富沢清人氏は、中世の荘園における帳面の作成は領主側と百姓側との共同作業としてなされたこと、双方の承認によって「固め」られた帳面が、領主と百姓の双方をともに拘束する力を持ったことを明らかにされた。また、帳簿類の保管は、「公文が取帳正文を所持するのが習わし」で、「本来、公文の手許に、すなわち地下に置かれるものだった」「一般に地下文書は公文の手に委ねられていた」と、繰り返し指摘されている。新見庄もその例外ではなかった。公文の宮田の家に保管されていた「永享拾年八月　日　年貢公事物帳」とその具体的な数字を示されて、上使はこれに反論するための材料を手だてを尽くして探したが、見出すことができなかった。

湯浅治久氏は、この事例について特に地下から出された古帳が指出《さしだし》と呼ばれている点に注目し、地下からの文書の忠実な注進が機能しなくなった段階で、在地帳簿の照合、ないしはその帳簿自体を意味するものとして、指出ということばが出現してくると位置づけ、古帳をめぐる地下と領主がせめぎ合うさまを浮かび上がらせた。

先規のぶつかりあい

この注進を受け取った東寺の側では、十二月一日の東寺書下《かきくだし》（え函一五九）で、両上使に次のような指示を出した。

一、二人からの注進状によれば、庄家の年貢や公事物について、先規と違っているとのことなので、東寺の方で把握している先例分を一紙に書き記して下すことにする。これに拠って、年貢や公事の催促をしなさい。

このとき、東寺側が先例として依拠したのは、安富氏が新見庄を請け負う以前の、明徳二年（一三九一）の古帳である。それは、この寛正二年（一四六一）からさかのぼること七十年も前のもので、連署《れんしょ》している公文義氏、田所《たどころ》義広、惣追補使《そうついぶし》宗貞は、現在の三職の、宮田・金子・福本に直接つながるわけでもない。また、この古帳が示す七十年も前の現地支配の実態を、東寺の中で把握している者など皆無であった。

請負代官安富氏の支配下で、現在の三職が年貢納入の実務を担当した永享十年の古帳か、それとも、今となってはその実態も定かでない明徳二年の古帳か、二つの「先規」がここでぶつかりあうことになった。当然のことながら、三職は、公文宮田の家に保管されている永享十年の古帳に依拠した所務をすべきだと主張する。東寺から命じられた上使たちは、明徳二年の古帳を前面に押し立てる。

しかし、この問題は結局、この年の年貢納入分については三職の言い分を受け容れ、当面は永享帳による年貢高や公事物に拠って収納する方向で、いちおうの決着を見る。「先例」といい「先規」といっても、必ずしも古い方が有効というわけではなく、実際にそれを支える力があってこそ、実効性があってこその「先例」「先規」だった。だが、もちろん東寺としては、これ以後も、明徳帳よりもっと古い元弘帳まで持ち出して、それに依拠した収納をしようと努める。しかし、それが効を奏することはなかった。

最初に下っていた了蔵

さて、二人の上使《じょうし》のこの長い注進状《ちゅうしんじょう》の最後は、次のように結ばれている。

あくまでも

一、一庄を年貢催促に一めぐりしますと、四、五日かかって庄政所まで戻ってくることができます。こちらの方では人手が足りませんので、了蔵はなお留め置くことにいたします。

直務代官を

一、私たち両人は上使として下ってきたのだから、すぐにも京都に上るつもりだと申しましたら、三職は、やっとの思いで東寺《とうじ》からの下向を待ち構えていたのに、このようなことを承るとは口惜しい限りです。それならば御年貢を集めて納入する準備をいたしますから、それまでは京都に上らせたりはいたしませんと申します。私たちとしては迷惑至極なことです。安富《やすとみ》方のときは、下ってきた又代官も、自分は上使であるからと言って、毎年、年貢の徴収をすませると、さっさと京都に帰ってしまいました。地下《じげ》としては、それを常々不満に思っており、つくづく嫌気がさしていたのです。それなのに本所さえも、このようにおっしゃられるとは本当に残念でなりません、と申します。

一、請負代官のことについては、庄主のような者であれ、誰であれ、入られたとしても、安富方のような有力者でさえも追い出したのですから、直務《じきむ》代官として入ってくださるのでなければ、われわれはそれ以外の者をいっさい承知するつもりなどありません。堅く神仏に誓い神水をくみかわしたのですから、と申しています。

寛正二年十一月十五日　　祐深（花押）
祐成（花押）

このように、二人の上使は、三職《さんしき》や百姓等から強く引き留められた。けれども、彼らは結局、この年の分の公事物《くじもつ》として漆を京都に送り、十二月十二日までに、納められた年貢米七十余石のうちの五十三石五斗余、現銭百四十貫のうち二十六貫九百文の算用を終えると、この年の内に京都に上っていった。二人の上使の滞在期間は、十月二十二日の到着から数えると、ほぼ二ヵ月間という短いものであった。

では、神水を呑み力を合わせて安富方の勢力を追い出して東寺の直務を望んだのに、つまるところ、東寺から下った者が一人もいない状態で、新見庄《にいみのしょう》の三職や百姓等は寛正二年（一四六一）

から三年への年越しを迎えることになったのだろうか。じつはそうではない。上使の注進状に、年貢催促に新見庄内を一めぐりすると四、五日はかかると述べた後で、「こちらの方では人手が足りませんので、了蔵はなお、ここに留め置くことにいたします」と記されているように、了蔵と呼ばれる人物が、新見庄には引き続き在庄した。

逃げ帰る使者

二二一〜二二三頁にまとめた「いなかと京都の情報交換図（1）」（図4）を見ると、寛正二年八月二十二日に「名主《みょうしゅ》百姓等申状幷起請文」「新見庄国衙百姓等書状」「三職注進状」の三通を東寺に届けたのは、使僧の金蔵寺《こんぞうじ》だった。彼は東寺からの返事が出されれば、すぐにも新見庄に戻ろうとして待ち構えていた。ところが、なかなか「東寺書下《かきくだし》」は出されない。しびれを切らした金蔵寺は、九月十三日に「ご返事があまりにも遅いので帰ります」と言って東寺を出て行ってしまった。だが、思い直して、すぐに引き返してきた。金蔵寺は、使者としての任務を果たさずに帰るわけにはいかないという責任感と、日々減り続ける路料を前にして、このままでは庄に帰り着けなくなるのではないかという焦燥感と、その板ばさみで苦慮していた。

代官職をめぐる紆余曲折

なぜこれほどまでに東寺の返事が遅れたかというと、東寺の内部で意見がまとまらず、評議が紛糾していたからである。九月二日の幕府奉行人奉書《ほうしょ》（ホ函五二）で直務が公認されたにもかかわらず、九月十一日に開かれた最勝光院《さいしょうこういん》方供僧《くそう》等の評定では、相国寺の集元都主から新見庄代官職を二百貫文で請負うと持ちかけられたので、それはいい話だから乗ろうじゃないかということになり、結局、再び請負代官で行くことに決まりかけた。これまで安富方が請け切っていた百五十貫文よりも多額の請負額であるし、何よりも相国寺の後ろには幕府がついている。相国寺などの禅宗寺院の僧侶たちは庄園経営に長けており、各地の庄園で「庄主《しょうず》」として広く活動していたから、彼らに任せた方が楽に年貢を入手できるのではないか。最勝光院方供僧等は、そう考えたのである。

この決定に「待った」をかけたのが、若衆方と呼ばれる集団だった。彼らはまだ評定の場には出ない若い寺僧たちで、

せっかく新見庄を直務とするようにという幕府の奉書をもらいながら、他所に請負代官を頼むなど残念至極なことで、われわれは承伏できません。ぜひとも東寺の寺官の中から適任者を選んで、直務代官として下すべきです。

このように強く申し入れてきた。最勝光院方寺僧等は、若衆方があまりに強硬に主張するので、「それなら若衆方の責任で最適の代官を下して、年貢を寺納してもらおうではないか」とゲタを預けるかたちで対応し、いったん決まりかけていた相国寺集元都主には断りの返事をした。

さらに、この後、管領《かんれい》細川勝元から再度、家臣の安富を新見庄代官にという申し入れがあった。さすがに、これには、最勝光院方供僧等も拒絶の返事をしている。しかし、いずれにしても、こ

のような東寺内部の動きを見ていると、すんなり直務の代官を下す方向でことが進められてなどいなかった。新見庄の三職が用心のために「作判」したのは、決して無用な取り越し苦労でなかったことがよくわかる。

こうして、結論がなかなか出ないままに時間だけが過ぎていき、結局、待ちきれなくなった使者の金蔵寺は九月十五日の朝に東寺を去った。「新見より上洛してきていた僧は今朝から姿が見えないという。勝手に帰ってしまったのかもしれない」と評定引付《ひきつけ》には書かれている。待てども待てども一向に返事をもらえず、長々と留め置かれ、帰り着くまでの路銭まで危うくなって、せっぱ詰まって、とうとう任務を果たせないまま帰っていった使僧の思いなど、東寺の寺僧等にとっては、まったく顧慮すべきことがらではなかったのだろう。

東寺の下部、門指の了蔵

返事を待たずに帰ってしまった使僧の金蔵寺にかわって、東寺から出された「書下」を持って新見庄に下ったのが了蔵であった。

去る月（九月）二十四日に下着つかまつりました。すぐに御さた人や御百姓様と対面いたしました。

新見庄に到着すると、了蔵は納所の乗珎法橋に宛てて、このように書き送ってきた（サ函八六）。先に見た上使祐成・祐深の注進状とくらべると、三職や百姓等を「御沙汰人・御百姓様」と丁寧に表現している。了蔵は東寺内部で、寺官である上使たちよりも下の階層の者であった。

彼は、東寺の中では下部《しもべ》層に属しており、門指《かどさし》として西院など寺内の雑務を担うとともに、定使《じょうづかい》として各地の寺領に下ることも多く、また自身も東寺の近くの田を耕作する百姓であったから、庄園の人びとの暮らしぶりについて十分にわかっていた。そのため、了蔵の書状には、新見庄の三職や百姓等に共感し、その言い分を代弁するようなところも数多く見受けられる。

こうして、了蔵は、二人の上使よりも先に新見庄へ下り、そして上使の二人が年末に京都に戻ってしまった後も庄内に残って、政所屋《まんどころや》で年を越すことになった。最初のうち、了蔵は自分の書状の封紙ウワ書に、「新見より　れうそう」（ゆ函二〇）と書き送ってきていたが、そのうち、「新見政所より　了蔵」（え函三二）、「自新見政所　了蔵」（ゆ函六〇）、「備中新見庄政所より　了蔵」（サ函一〇一）と書くようになった。二人の上使も上洛してしまい、直務の代官も決まらないまま、新見庄領家方の政所には了蔵が一人いたのである。

ぶつかりあう徳政

田所金子衡氏の上洛

寛正三年（一四六二）の正月、田所《たどころ》の金子衡氏が上洛した。

三人そろって、お礼のためにまかり上るべきと心底から思ってはおりますが、年貢の催促をしなければならず、三人が一度に上ってしまうわけにもまいりませんので、まずは金子方が京都に上ることにいたしました。われわれ二人も、後からすぐにお礼に参上する所存でございます。何とぞ金子方に田所職の「継目判」を給わりますように、よろしくお願い申し上げます。

公文《くもん》宮田家高と惣追捕使《そうついぶし》福本盛吉がこのような連署注進状《れんしょちゅうしんじょう》（ツ函一三九）を書き、また了蔵も、

金子方がお礼のためにまかり上られます。宮田・福本殿も上るべく用意をなさっていらっし

やいますが、地下《じげ》での年貢催促もありますので、皆々上ってしまわれては、いなかが大変なことになってしまいます。ですから、まずまず、一人ずつ京都に上ってお礼を申し上げるのがよろしいかと存じます。

として、三職《さんしき》が交代で京都の東寺《とうじ》に行くことになった経緯を述べている（ゆ函二〇）。

ここでは「お礼のためにまかり上る」と表現されているが、実際は、安富《やすとみ》方の代官支配から東寺の直務《じきむ》支配への変わり目に、新たに東寺から「継目安堵の判」をもらうのが目的であった。一般に、領主が変わったり代替わりをしたときなどには、これまでその職にあった者たちも、改めて任命し直してもらう必要があった。それを「継目安堵《つぎめあんど》」という。三職たちは安富方の代官支配のもとで、それぞれ田所・公文・惣追補使として職務を果たしてきたのだが、東寺の直務支配が始まるこの時期に、東寺から新たな補任状《ぶにんじょう》を得るため、まず田所の金子衡氏が京都に上ることになったのである。

当知行と由緒

このとき、田所の金子衡氏は「継目安堵の判」をもらって再任をすんなりと認められるかどうか、大きな問題をかかえての上洛であった。この点について、了蔵は書状（ゆ函二〇）で次のように書き送っている。

金子殿の分について、大田方が訴え出たと聞き及びました。いなかのことは、先に新見庄《にいみのしょう》に下ってこられた二人の上使《じょうし》もよくよくご存じのように、万事を田所殿が中心になって動かしておられます。今回の大田に対してだけでなく、百姓等についても、万事「当知行分たるべし」と、いなかでの掟のために、東寺からご命令を下していただかねばなりません。さもないと、いなかの百姓等は「わが由緒、ひとの由緒」について、すでに反古《ほご》になってしまった文書の切れ端までも持ち出して、あれこれと論を戦わせることでしょう。そうなっては一大事です。とにかく、ただ「当知行分たるべし」と堅く仰せ下さいますよう、十分にお心得いただきたいと存じます。

ここで了蔵が東寺に対して強く訴えているのは、大田方が何を言ってこようとも、現地の百姓等の中心となって動いている田所の金子に「継目の判」を与えることが肝要であり、そのためには、領主である東寺の方から、「当知行分たるべし」という原則を「いなかでの掟」として明確にうち出してほしい。さもないと、いなかの百姓等は反古となった文書の切れ端まで持ち出して、「わが由緒、ひとの由緒」を言いつのって互いに争うだろうから、在地は大混乱になり、まったく収拾がつかない事態におちいってしまう。その点を、くれぐれも承知しておいてもらいたい。了蔵は、そのように主張した。

「当知行」というのは、職務やそれに伴う権益を現に掌握し、実際にその権利を行使している状態を意味することばである。「当知行」をしている者が、その権限を行使しうる根源的な明確な「由緒」を持っていれば、そこには何も問題は起こらない。けれども、現に今「当知行」している者に対して、今は不知行だが、自分の側にこそ、それを知行すべき「由緒」があるという者が出てきた場合、互いに自らの「由緒」を押し立て、どちらの側の「由緒」が正当であるかを争うことになる。その際、どれくらい長い期間にわたってその職を掌握して力を行使してきたのか、「当知行」を維持してきた時間の長さも、訴訟のゆくえを大きく左右する。中世社会で所領や所職をめぐる訴訟のほとんどは、この「当知行」と「由緒」を軸にして争われた。

新見庄領家方の田所職は、この時点では金子衡氏が掌握している。安富方の代官支配のもとでも、金子は庄官の一員として田所の職務を遂行し、また田所名である延房名を掌握して年貢公事《くじ》を納め、その得分も手にしてきた。つまり、金子は相当長い期間にわたって、田所職を「当知行」しているわけである。それに対して、同じ新見庄内に住む大田方が、自分の方にこそ田所職を知行すべき正当な「由緒」があると主張し、請負代官安富の支配から東寺の直務支配へと代わる「継目」の時期、すなわち「代替わり」の時期をねらって上洛し、東寺に対して訴訟を起こしたのだ。

ここで了蔵が懸念したのは、大田方の「由緒」が正しいとされ、金子に田所職の「継目の判」が与えられないという事態になれば、三職の一人として百姓等を束ねる中核に位置している金子が失脚し、庄内に大きな対立と混乱が起こり、結局は東寺の直務支配も立ち行かなくなるという点であった。さらに、この支配の転換期である「継目」の時期に、他の百姓等も、いっせいに、チャンス到来とばかりに、「わが由緒」を前面に押し立て復活をめざして動き出す恐れもある。そうなっては一大事だ。だからこそ、「いなかでの掟」として、「当知行分たるべし」との命令が何よりも必要だった。

継目安堵の判

年が明ければ、「直務」を実現してもらったお礼に上京し、新たに直務をするようになった東寺から「継目の判」をもらって、それぞれの庄官の職に再び任命されなければならない。これについては、三職の誰もが十分に承知していた。代替わりの儀礼として、広く社会的に了解されていたことである。ただ、この時点で、公文宮田と惣追補使福本に対しては、「わが由緒」をもって異議申し立てをする者が現われていない。しかし、田所金子衡氏の場合は違った。ずっと以前の、応永三十年（一四二三）頃に新見庄の田所だった大田方の子孫が新見庄内におり、この継目安堵の時期をとらえて、自身の復活をめざして動き出すのが目に見えていたからである。「由緒」だけでの勝負となると、安富支配下で新たに田所の職についた金子の側は明らかに不利である。となれば、現在田所の職務を実際に担い、三職の中でも中心的な存在として庄務を遂行し、百姓等を率いて東寺の直務を実現するために動いている実績を押し立て、まさに「当知行」の正当性を基軸にすえるよりほか、金子にはすべがない。「いなかでの掟」として「当知行分たるべし」と東寺からはっきりと命令してもらわなければ、誰も彼もが「わが由緒、ひとの由緒」を言い出して、庄内は大混乱におちいってしまいますという了蔵のことばは、じつは田所金子衡氏の言い分を代弁したものであった。

本物返と徳政

　さまざまな思惑が交錯する中、公文宮田・惣追補使福本の連署注進状（ツ函一三九）と了蔵の書状（ゆ函二〇）を持って、田所金子衡氏は京都に向かい、正月二十九日に東寺に到着した。

　二月三日に、最勝光院《さいしょうこういん》方供僧《くそう》等の評定が開かれた（け函一三）。三職の内でまず最初に参洛した金子は、「このたび当庄御直務のお礼」として、供僧中に二十貫文、最勝光院方奉行に十貫文を進上した。これは相当な大金である。そのうえで、新見庄田所職を「是非とも拝領したい」と述べた。その後、「田所職の由緒となる本文書は紛失してしまいましたので、ただ今ここに紛失状を提出いたします」と申し出た。なんと、大田方の「由緒」に対抗するための「隠しダマ」を持って、金子は上洛していたのである。

　　田所職補任の本文書は事情があって紛失してしまいました。ただ、紛失の事実を証明する紛失状をここに持参しましたので、どうかご覧ください。

　このとき、金子が持参した「田所支証書状二通案文」は、寛正二年十月十五日の同じ日付を持つ福本盛吉書状と楢崎直景書状（ウ函九八―（一）（二））で、今も「東寺百合文書《とうじひゃくごうもんじょ》」の中に案文《あんもん》が残されている。そこに記されている内容は、たいそう複雑なものである。新見庄田所職の支証文書を大古屋兵庫方から、まず楢崎直景の父親が預かった。彼は上洛するときに、これを多気庄の田中という人物に預けた。この田中は、福本盛吉の祖父に「本物返《ほんもつがえし》」で借金した際に、楢崎父から預かっていたこの支証文書を質として入れ置いてしまった。「本物返」「本銭返《ほんせんがえし》」というのは、売却の代価（本銭・本物）を返済すれば、質に入れておいた土地や物をもとの持ち主が取り戻せるという売買契約のことである。預かっていた他人の文書までも質に入れてしまうとは、田中の行為は非常にいいかげんなように見えるが、あるいは楢崎父が田中に「預け置く」際にも、負債が関わっていた可能性もある。それはさておき、福本盛吉と楢崎直景両人の書状の主旨は、次の点にあった。

　これまでに幾度も徳政が実行されており、「本物返」による「質物」は徳政の対象になるので、この支証文書は本主に返還されて当然である。そこで福本は、もとの持ち主（＝本主）である古屋方に文書を返却しようと思い、自分の家の文書などを保管してある入れ物の中までくまなく探したが、これが、どうしても見つからない。紛失してしまったようである。しかし、これまでに何度も「徳政」が実行されており、もともと古屋方の田所職支証文書なのだから、福本も楢崎も、この文書が発見されれば、必ず古屋弾正衡氏の手に返すつもりだ。

ことの発端が福本と楢崎それぞれの祖父や父の代というのだから、何十年も前のことになる。しかも、何人もの人の手を経て、最後は質物として福本の祖父のところに渡り、そのうえ文書そのものは紛失してしまって見つからないというのだから、何とも不確かでとらえどころのない話である。はたしてこのようなものが紛失状として認められるかどうか、はなはだ疑問である。

ここでキーとなっているのが、「本物返」の質として入れられた物には「徳政」が適用され、もとの持ち主（＝本主）に返されるべきだという論理である。複雑な伝来関係を経て、しかも現在は行方が知れなくなっている古屋方の田所職支証文書ではあるが、それは、何度か実施された「徳政」の結果、もとの持ち主の末裔である古屋弾正つまり金子衡氏の手に戻されるべきで、彼こそ、今は行方が知れない田所職支証文書の正当な所有者だというのが、福本盛吉と楢崎直景の二人の書状が主張する内容である。

代替わり徳政

他方、金子衡氏の田所職補任に異をとなえる大田方は、代々受け継がれてきた田所職の「由緒」となる文書そのものを持参して上洛した。大田方の一連の支証文書については、宮崎肇氏が綿密な考証を加えられているが、二月二十四日に大田が東寺に捧げた「目安」には、「田所職重書　色々手次」と記されている。このとき、大田方が依拠したのも「徳政」であった。支配者の代替わりに、それまでのあり方を一度リセットし、再生と復活を実現するためになされるのが代替わり「徳政」である。このとき、新見庄の支配は、請負代官安富氏から東寺の直務に代わった。言うならば代替わりがなされたわけである。大田は、この期をとらえ、自らを田所として復活再生させることをねらって上洛したのだ。

田所職をめぐる金子と大田の対立を見ていると、中世社会をその最も奥深いところでとらえ続けた「徳政」が、いずれの主張においても中核にすえられていることに気づく。そこでは、「本物返」の回帰をめざす「徳政」と、「代替わり」の再生をめざす「徳政」とが、ぶつかりあう。
ところが、東寺の評定では、田所職の二つの「由緒」をめぐる問題にはまったく言及せず、じつにあっさりと、「当知行」にまかせて補任すると決定した。宮田・福本の書状と了蔵からの内々の状が評定の場に披露され、「いなかの掟のために」「当知行分たるべし」という彼らの要請が、特に何の問題もなく聞き届けられたわけである。金子の先祖にあたる古屋方の田所支証文書を紛失してしまったことを証言する福本盛吉と楢崎直景の書状は、翌日に東寺で写し留められ、正文は田所金子衡氏に返却された。

田所職の補任状

そして、翌二月五日付けで田所職補任状が出され、正文は金子衡氏に与えられた。東寺には、次のような案文（ロ函二二）が残されている。

（端裏書）
「新見庄田所補任状案　寛正二、二、五、　当名字金子《カナコ》」
補任
東寺領備中国新見庄領家方田所職事
弾正左衛門尉衡氏
右の人を以て、件の職に補するところなり、御年貢ならびに恒例・臨時の御公事等、先例に

任せて、その沙汰を致すべし者《てえれば》、庄家よろしく承知し、敢えて違失するなかれ、故《ことさら》に以て下す、

寛正三年二月五日　公文上座宝俊

寺主聡秀

年預法印権大僧都

こうして、最勝光院方供僧の年預《ねんよ》が奥上段に、そして公文所惣公文と最勝光院方公文が下段に連署した「継目安堵の判」を得て、金子衡氏は東寺から正式に田所職に補任された。同時にこの端裏書《はしうらがき》に「当名字　金子《カナコ》」と明記されているように、東寺によって、古屋から金子への改名字についても了解された。

他方の大田はと言えば、すでに金子の「継目安堵」を認め補任状も出したので、その要求には応じられないとして、東寺はその訴えをしりぞけた。ここでは「由緒」や「先例」よりも、「当知行」の持つ力の方が重んじられたのである。

東寺による直接支配

強気な祐清、弱気な祐清

直務代官祐清の下向

幕府から直務《じきむ》を認められながら、なおも武家方の請負代官という方向を模索する最勝光院《さいしょうこういん》方供僧《くそう》等の宿老衆と、あくまでも東寺《とうじ》公文所《くもんじょ》内の寺官から直務代官を選定すべきだとする若衆方との意見が対立して、代官の決定までにさまざまな紆余曲折があった。しかし、結局のところ、自ら直務代官にと申し出てきた祐清上人が、新見庄《にいみのしょう》の直務代官に決まった。長いあいだもめにもめて、この決定がなされたのは、なんと七月八日のことである（け函一二三）。

寺内の意見対立や、決まりかけても請人《うけにん》に不都合が出てきたり、寺官の中からも積極的な希望者が現れないと』いった事情があり、祐清を直務代官にするいうこの決定は、「まあ仕方がないか」というような消極的な選択であった。

供僧等は、祐清に、まずは当年だけの所務を任せることにした。代官としての得分は、新見庄領家方の年貢収納分の五分の一という契約である。自分が多くの得分を得るためには、できるだけ多くの年貢収納を果たさなければならない。とにかく、年貢や公事《くじ》の収納実績次第で自身の得分も左右されるし、次年度からの所務も任せてもらえる。逆に、実績が上がらなければクビという、とても不安定な立場である。祐清上人と呼ばれているように、祐清は東寺の西院御影堂《みえいどう》で堂の番役を勤めたり文書などの管理にたずさわる三聖人の一人であった。まだまだ年も若く、初めて得た大きなこの職務をうまくやり遂げて、高名をあげようという野心も持っていた。

祐清が新見庄に下向したのは、寛正三年（一四六二）七月二十六日のことである。新しい年が明けてから、半年以上も過ぎていた。

公式の着任報告

八月五日に到着した祐清は、八月二十四日に二通の注進状《ちゅうしんじょう》を出した。東寺の「公文所惣公文」に宛てた注進状（ト函一一五）には、

今月の五日に到着いたしました。十四日に百姓等が対面するためにやってきました。「直務代官の下向に、庄内の皆々は大変めでたく存じます」とのことでした。

と記されている。

前の年の十月に、祐成・祐深の二人の寺官が上使《じょうし》として下ったときのことを思いおこすと、庄内に入る二人を、庄境まで百人を越える百姓等が松明《たいまつ》をともして出迎え、さらに庄の市場に着

くと三職《さんしき》や名主《みようしゆ》等が集まって盛大に歓迎してくれた。これにくらべると、八月五日に到着して庄政所に入った祐清の前に、百姓等が対面に訪れたのが十四日というのは、あまりにも遅い。前年の十月の熱狂ぶりとは対照的な、「直務のお代官の下向、皆々めでたく存じます」ということばとは裏腹の、たいへん冷ややかな対応であった。もちろん、収穫も終えた十月の時期と違って、農繁期の八月には百姓等も動けなかったという事情もあっただろう。新任の直務代官は、若くて経験も乏しく不慣れな代官だという情報が、すでに新見庄の百姓等にまで届いていたのかどうか、それはわからない。しかし、先年の二人の上使への歓迎ぶりが「三職の取り計らいによるもの」だったのだから、このたびの百姓等の対応にも、三職の意向が大きく関与していたと考えられる。

一、去年の年貢未進分について、厳密に催促しましたが、なかなか納めてこなくて怠慢がはなだしく、手を焼いております。早々に納めないとただではすまないぞ、名を召し放ってしまうぞと厳しく申しつけましたところ、皆々承知いたしました。

一、公事の蝋について、百姓等は以前からこの公事はなかったと言い張っています。どのようにすべきでしょうか。

と祐清は書き送ってきた。年貢や公事をめぐって、あれこれと言いつのる百姓等を前にして、年貢を無沙汰するような百姓に対しては「名を召し放つぞ」と強硬な態度で臨む、強気な祐清の姿がある。また、

一、田所職《たどころしき》をめぐる問題で今春に上洛した大田は望みが叶わず、その後伯耆国に没落していたのですが、この収穫と収納の時期をねらって、大勢で庄内に乱入すると申して、私のところにも書状を送ってきました。その大田からの書状はそちらに進上いたします。金子方はそれに対抗して大勢の者を集めてこれに備えており、絶対に大田方を庄内に入れさせはしないと申していますから、とりたてて大騒動になるようなことはないと存じます。もしも、万一、大田が上洛して訴え出ても、東寺の方では決してこれを取り上げたりなさいませんように、お願いいたします。

と、この春いったんはけりがついたかに見えた田所職をめぐって、秋の収納の時期を迎え金子方と大田方とのあいだで武力衝突さえもが現実味を帯び始めた、庄内のピリピリした緊迫感を伝えている。

強儀な者どもの多い、不思議なる在所

ところが、もう一通の「仏乗院御坊人々御中」に宛てた注進状（ト函一一六）からは、祐清の別の顔が見えてくる。仏乗院とは最勝院方供僧の一人で仁然という寺僧のことであるが、これまで祐清はその院家に居住しながら、御影堂聖の職掌に就いていたと推測される。

というのも、祐清の滞在が翌年の寛正四年六月にまで及んだため「西院御番役」に支障が出たとき、「確か仏乗院御坊に侍従という客僧が伺候されていたと思いますので、私の手替りとして彼に御番役を仰せつけてくださいませ」と願い出ている（ツ函二二五）。そこまで仏乗院という院家の内部事情に詳しいのは、祐清がそこに所属する者だったからではないかと思えるのである。そうだとすると、「仏乗院御坊人々御中」に宛てた祐清注進状は、仏乗院院主の仁然に宛てたというだけでなく、祐清がそれまで日々慣れ親しんだ仏乗院の坊舎に住む人びとに宛てたものでもあったことになる。先に見た「公文所惣公文」宛てのものがオフィシャルな報告に終始しているのと対照的に、この「仏乗院御坊人々御中」宛てのものには祐清の素直な感想が記されているのも、そう考えれば納得がいく。

今月五日に庄に到着しました。了蔵を留め置いて、すぐに去年の未進分の催促に当たりましたが、百姓等はいっこうに納入しようとはせず、たいそう困っております。とにかく当庄では、どこでもまだ田を刈り取っていないため、下向してから私が食べる飯米さえもないありさまで、庄内の諸方から借りて当座をしのいでおります。京都で伺っていたこととはまったく違い、ここは私の想像をはるかに越えた「不思議なる在所」です。そちらの皆さまも、この山深い庄家の様子を思い浮かべてみてください。庄内の百姓等は思いのほかに「強儀な者ども」が多くて、本当に困っています。でも、私としては精一杯がんばって、とにかく年貢の無沙汰だけはさせませんから、どうかご安心ください。

この「仏乗院御坊人々御中」に宛てた注進状の方には、祐清の本音や弱気が顔をのぞかせている。

その中でも特に、祐清が不満をあらわにしたのが了蔵の態度だった。

了蔵は、ここのところずっと新見庄に在庄してきて、すっかり地下人《じげにん》たちと仲間のようになってしまい、「年貢催促など、あまりきつく厳しくなさいますな」などと、いろいろ脅すようなに申してきます。もちろん多くの困難は、こちらに下向してきたときから覚悟のうえです。たとえこの一命を失うようなことになろうとも、年貢を無沙汰するような百姓等に対しては、名を召し放ち、罪科にするという処断を下すつもりでおります。

同じ東寺側の人間として協力してくれるかと期待していたのに、了蔵はすっかり現地の百姓等に同調してしまって、祐清のやり方を批判するようなことばかり言ってくる。それでも、命を失うようなことになっても、できるだけ多くの年貢公事を収納するするのが自分の使命だ。そう語る祐清のことばには、新しい職務に臨む覚悟があらわれている。

しかし、これまで多くの東寺領の庄園に定使として下り、年貢公事の納入に対する百姓等の対応を目の当たりにしてきた了蔵からすれば、新しく下向してきた祐清のやり方は、あまりにもあぶなっかしく見えた。昨年、東寺にやって来ながら逃げ帰ってしまった使僧の代わりに「東寺書下《かきくだし》」を持って下向して以来、了蔵は思いがけず一年近くも新見庄にいることになった。そこで了蔵は、この山間の荘園で生きている百姓等の生活をつぶさに見てきた。上からの強硬な態度だけで百姓等を従わせることなど、とうてい無理だということを肌で感じ取っていた。だからこそ、

「催促をも、きぶうなめされ候そ」と祐清に忠告をしたのであろう。「きぶし」とは「厳しい」「苛酷な」という意味である。「な……そ」で禁止を表わし、敬語の「めす」を加えて、「厳しくなさいませんように」と十分に丁寧なもの言いをしているのだが、寺の下部《しもべ》という了蔵の身分からすれば、確かにこれは出過ぎたことであった。けれども、ただひたすらに真正面から物事に当たろうとする未熟な祐清のやり方に、思わずことばが出てしまったというのが本当のところではなかろうか。しかし、若い祐清は、その忠告を受け容れることができず、「了蔵、この間、地下人ニかたらわされ候て」と、長く在庄するうちに百姓等と親しくなり、その仲間に引き入れられ丸めこまれてしまったと判断し、不満をつのらせる結果となった。

初めての任務を無事にやりおおせるぞと強がってみせる、その一方で、自分はこの「不思議なる在所」でやっていけるのだろうかというと弱気も顔をのぞかせる、祐清の二通の注進状には、彼の自負と不安が交錯している。

中奥・高瀬の損免要求

祐清が下向した寛正三年という年には、新見庄の中奥と奥（高瀬）で長雨が降り続き、田畠ともに大きな被害が出た。八月二十八日の夜と九月二日の夜には大霜が降り、作毛はことごとくダメになってしまった。高瀬と中奥の百姓等は祐清に申状《もうしじょう》（サ函一〇六）を出して、被害のありさまを検見《けみ》し「地頭分なミに」損免を認めてほしいと訴えた。

地頭方では作毛を刈り取る以前の「立田」の状態で検見を実施して、三分の二の損免を認めました。どうか領家方でも「検見」をしてください。

という百姓等の求めには応じず、祐清は、年貢の催促のため現地をまわることを口実にして、ひそかに実際の作毛の損害状況を見てみた。すると、祐清の目から見ても、高瀬や中奥の田は、あまりにもさんざんな状態であった（サ函三五一）。ここで「検見」を実施したならば、それ相応の損免を認めないわけにはいかない。でも、着任早々に、年貢の納入が大幅に減少したのでは、自分の代官としての評価がガタ落ちになってしまう。そう考えた祐清は、「京都に注進して指示を受けないと、私の一存だけであれこれとことを決めるわけにはいかない」と主張して、「検見」の実施を回避し続けた。百姓等は、「それなら自分たちは年貢をまったく納めないことにします」と態度を硬化させる。「ならば三分の一を免除するがどうだ」と祐清が提案しても、「半免でなければ、なかなか承知できるものではありません」と返答し、

地頭《じとう》方のように三分の二を御免いただかなければ、たとえ頭や足をもがれるようなことになっても、御年貢は一銭だって納めません。

と言い張って、一味同心し起請《きしょうもん》文を書いて結束を固めた。

祐清は、この問題に対する三職の対応ぶりについても、「寺家を何より大事と考えるべきなのに、何かというと年貢を無沙汰する方向で動き、そのうえ地下人たちと一体になって、あれこれ

といろいろな事を百姓等に言わせる」と不信感をつのらせ、「三職方は疎略なく、何事も代官の命令に従って、年貢未進のないよう厳しく催促せよ」と東寺の方から厳しく命じてほしいと申し送った。

田所職をめぐる騒動

寛正三年の徳政一揆

寛正三年（一四六二）十一月一日の祐清注進状《ちゅうしんじょう》（ゆ函七〇）には、この年の秋に京都などで起こった徳政一揆の動きについて、

　ここのところ、京都が物忩《ぶっそう》とのこと、いろいろと聞き及んでいます。この徳政で寺家様には何事もなく平穏に過ごされておられるでしょうか。こちらでは、さまざまに心配しております。

と書き送り、徳政一揆蜂起に伴う騒動で、東寺《とうじ》が無事なのかどうかと心をくだいている。九月に土一揆《つちいっき》が起こり（『蔭凉軒日録《いんりょうけんにちろく》』）、京中に乱入した土一揆は土倉《どそう》などに放火し、北は錦小路、南は綾小路、西は町、東は東洞院にいたる三十余町が消失した（『大乗院寺社雑事記《だいじょういんじしゃぞうじき》』）。西岡《にしのおか》の土民が土一揆に加わることを厳しく制禁せよと、東寺に対して幕府から命令がくだり

（「廿一口《にじゅういっく》方《かた》評定《ひょうじょう》引付《ひきつけ》」九月二十二日条）、上久世庄・下久世庄の侍分と地下分一同が起請文を書かされている（リ函一八四・エ函九五）。十月には奈良でも土民が蜂起し（『大乗院寺社雑事記』）、十一月には相国寺雲沢軒領丹波国須智村や東福寺領宇賀辻子で土一揆が起こるなど（『蔭涼軒日録』）、徳政一揆の動きは地方へも拡大していった。

こうした動きに呼応するかのように、田所職《たどころしき》をめぐって大田方が再び動き始めた。

再び大田方が

大田方から田所職の訴訟について、たびたび私のところにいろいろと申してきます。すでに京都で決着している問題だから承知するわけにはいかないと私が強く拒絶すると、九月六日になって、大田の父親を含む三人が家をあけ、伯耆国の守護代をたよって武力を集め、当庄に「勢使《せいづかい》」するとの情報が伝えられ、地下では大騒動になりました。私は伯耆国の守護代の方まで出向いて、大田方に合力して当庄に「勢使」なさるとのことだが、もし万一武力衝突が起こって収穫間近の稲に損害が出て御年貢の寺納に差し障りが生じれば、東寺では公方様無事の御祈禱を停止して幕府に訴えます。もし、そのようなことになれば、京都で山名律専が御生涯に及ぶという事態も起こりかねません、と脅しをかけますと、伯耆の守護代方では、いっさいそのような事情を承知しておりませんでしたと申して、大田方への合力をやめました。伯耆の国方からの支援の手を失ってしまった大田方は、一転して態度を変え、私のところに手をすりあわせ懇願してきましたので、金子方へ仲介してやり、金子が持っている田所職の名の田地三反を大田に分け与えることで決着させ、地下《じげ》の無為無事《ぶいぶじ》を達成しました。と祐清は書いている。

勢遣から和議へ

大田方は伯耆国の守護代までも巻き込んで勢力をかため、新見庄《にいみのしょう》内への「勢使」を実行しようと画策した。「勢使」とは、「勢遣」とも表記され、武力を結集して大勢で攻撃をかけることである。伯耆国の守護は山名教之で、備前国の守護も兼ねていた。祐清の交渉が功を奏したのか、伯耆国の守護代は手を引き、大田方は支援を失って、結局は金子から三反の田を受け取ることで一件落着となった。祐清は、大田の動きを封じることができたのは、自分が伯耆国の守護代とこのようにわたりあった結果であり、その功績は非常に大きいと強調している。

しかし、おそらく、それでだけではなかっただろう。金子をはじめとする三職《さんしき》たちにも、またこれと対立した大田方にも共通して言えることだが、国境の庄園に生きる地侍《じざむらい》たちは、国の境界を越えて広範囲な一族結合を形成しており、そのメンバーの誰かにことがあれば、皆が合力して武力を発動させる態勢を整えていた。庄園支配の代替わりに「徳政」を求めて起こした訴訟が不首尾に終わった大田方では、支証文書による「由緒」の優位性を実際の場で実現するために、武力をもっての対決に打って出た。一方、金子衡氏の方も、「それがしが一門は、日野・伯耆・

美作・当国に多く候へば、さようの方を相語らい候て」（さ函一三九）と後年の注進状で述べているように、武力による決着となれば、大田方にひけをとることはない。その中で、大田側の形勢が不利となって、和談の方向で解決を見たものと思われる。

支証文書をめぐって

あやしげな紛失状による「由緒」しか持たない金子方は、田所名である延房名のうちから三反の田を大田に分け与えた。金子衡氏の側がこのように譲歩しなければならなかったのは、田所職の「由緒」という点で、明らかに大田の方に正当性があったからである。金子衡氏は、以後のいざこざを避けるために、大田方が所有する田所職の支証文書をすべて残らず自分の側に渡すことを条件とした。反古《ほご》となった文書の切れ端でも、ひとたび、「徳政」ということになれば効力を発揮する。中世という時代は、戦国の世の最終段階にいたるまで、多くの売券《ばいけん》に「徳政」や「地起」の文言が書かれ続けた。「徳政」は中世の人びとの意識の奥深いところに常に存在し、最後の最後まで彼らを魅了して放さなかったのである。金子方は、田三反という大きな代償をはらってでも、大田方の「由緒」の中心を占める田所職の本支証文書を一通残さず手に入れる必要があった。金子はそのうえ、二月に上洛した大田が「目《め》安《やす》」とともに東寺に出した「田所職支証案文」についても、忘れてはいなかった。

すでにこの訴訟はうまく決着がつきまして、大田中務が所持していた本支証は、ことごとく金子方に返しました。もし一通でも残し置くことがあればまずいので、こちらでも十分に調べていますが、大田が東寺に出した支証案文の方も下していただければ、金子としてはこのうえない喜びだと、私に何度も申し入れてきています。何とぞ、それらをこちらに下してくださいますよう、お願いいたします。

と祐清が東寺に伝えている（サ函三五〇）。金子は田所職の案文《あんもん》さえも一つ残らず入手して、将来また、大田方が「徳政」による再生を求めて動くことのないように、すべての芽は摘んでおきたい、という思いであった。

ただ、支証案文までもそっくり全部を手に入れようという金子のこの望みは叶えられなかった。今も「東寺百合文書《とうじひゃくごうもんじょ》」の中に、大田方の「由緒」を示す何通もの田所職文書案や手継券文案が残されている。私たちは、これらの案文を見て、十四世紀初めの応永年間（一三九四―一四二八）には、大田方が新見庄領家方の田所職ならびに延房名を確かに宛行われていたことを知ることができる。もし、金子の望みどおり、このときに東寺が大田方の提出した「田所職支証案文」を金子方に渡してしまっていたら、新見庄領家方田所職のこれまでの詳細はまったくわからなくなってしまっていたことだろう。

一代は末代

所務上の不審点

ところで、話は少し戻るが、この寛正三年（一四六二）の年明けに金子衡氏が田所職《たどころしき》の「継目安堵《つぎめあんど》」のために上洛したとき、東寺《とうじ》は新見庄《にいみのしょう》の所務に関するいくつかの不審な点を問いただし、それに対する金子衡氏の返事をいちいち書き留めている（サ函九五―（一））。そのうち、人夫については次のように書かれていた。

寛正三年二月五日
新見庄御不審条々
（中略）

一、「当年の年貢につきましては、毎月の京上人夫のときに、催促して集まり次第に進上いたします。ただ、京上人夫の月別の人数は不定です」と答えた。

（中略）

一、長日《ちょうじつ》人夫についても御不審があるので寺家からお尋ねがあったが、「当庄では、根本から長日人夫は課せられたことがございません。安富《やすとみ》方の支配下では、無理矢理に、月京上夫を長々と留め置かれて、まるで長日人夫のように仕事をさせられました。今にいたるも、地下人《じげにん》たちの多くはこのことを深く嘆いております」との返事だった。

京上夫とは？

直務《じきむ》支配の開始とともに、多くの文書が新見庄と東寺とのあいだを行き来するようになった。その緊密な情報伝達を安定的に維持していくためには、いなかと京都のあいだを往復する「京上夫」の態勢を確立させる必要があった。

「京上夫」あるいは「京上人夫」とも呼ばれるのは、その名のとおり、いなかの庄園から京都に上っていく使者のことで、百姓等に課せられた夫役《ぶやく》であった。「京上夫」の主な役目は、京都の領主のもとに年貢や公事物《くじもつ》を届けることである。ただし、「京上夫」が運んだのは、年貢銭や公事物だけではない。庄園現地から出される注進状《ちゅうしんじょう》や領主側の出す書下《かきくだし》などの文書も、彼らの手で運ばれることが多かった。いなかと京都のあいだの情報交換を担う使者という面でも、「京上夫」はとても重要な役割を果たした。

百姓等に課せられた夫役には、地元と京都のあいだを定期的に往還する「京上人夫」と、ある程度の長い期間にわたって領主のもとで雑務を勤める「長日人夫（＝長夫《ながふ》）」の二つがあった。

不審点に対する金子衡氏の返事によると、新見庄では元来「長日人夫」の負担はなかったのに、安富方の代官支配のもとでは、「京上夫」を長々と京都の安富の館に留め置かれて、まるで「長日人夫」のように使われることが多くあり、百姓等はこのことをとても嘆いているという。

請負代官による庄園支配

金子の返答を聞いていると、毎年百五十貫文の年貢額で新見庄領家方の支配を請け切った武家代官の安富方が、百姓等に対して実際にどのような所務をおこなっていたのかがわかる。公文宮田の家に保管されていた永享十年（一四三八）の所務帳（ク函四〇）には、最後にまとめて、

一、米、以上、八拾壱石七斗五勺五才内
　　　参石六斗仏神除
　　残定、七拾八石壱斗五勺五才
一、銭　以上、百四拾貫五百文内
　　　参貫文　三社之御宮除
　　残定、百卅七貫五百文
一、大豆、以上、拾五石五升九合五勺
一、麦、以上、拾五石九升六合
一、漆　　五升弐合

一、栗　　　壱斗壱升
一、紙　　　拾束五帖
一、市公事　参百文

と書かれている。安富方は、東寺に対しては、請け切り額の年貢銭百五十貫文だけを納め、そのうえ近年はその大半を未進していて、他方で、新見庄の百姓等から、このように年貢米を七十八石余、年貢銭を百七十貫五百文、大豆・麦・漆・栗・紙などの公事物を徴収していた。そして、これらを運ぶため「月京上夫」を京都まで上らせ、それを「長夫」のように使っていたという。

これまで室町期庄園の代官請負については、荘園領主側とどのような請け切り額で契約を結んだのか、あるいは彼らが未進を重ねた結果、いかに多くの庄園所領が武家領化していったかなどが指摘されているが、実際のところ、武家代官が請け負った庄園から具体的にどれほどの年貢・公事物を徴収していたのか、あるいはそれを京上させるため百姓にどれほどの人夫役を課していたのかなど、請負代官による庄園支配の実態に注目が集まることはなかったように思う。しかし、この史料などを見ていると、庄園の地下人たちにとっては、武家代官による請負いが成立した前と後とで、年貢・公事・夫役の徴収態勢にとりたてて大きな変化があったわけではなく、むしろ夫役などは、より厳しく課せられていたことがわかる。各地の庄園の百姓たちから、武家代官による支配ではなく、庄園領主の「直務」を望む声があがるのは、武家による支配が強大な武力を背景にして過重な収納を強行することが多かったからであろう。

四季八人か、年に十二人か

「長夫」については、金子衡氏が「新見庄では根本からまったく課せられたことのない夫役です」と強く主張したことで不審が解消されたのか、東寺側からは、これ以後、問題にされなかった。しかし、「京上人夫」については、東寺と地下側とで主張がくい違った。一年間に「京上夫」が何度上洛するのかをめぐって、双方が対立した。

寛正三年二月二三日付の了蔵注進状と銭二貫文・紙二束を持った京上夫が、三月二日に到着した。東寺は、三月三日に評定を開き、そもそも、「三月二日に京着したこの夫は、去月分の夫だと思われるが、確かなところを地下に尋ねてみなければならない」と引付《ひきつけ》（け函一三）に書いている。

三月十二日の了蔵書状（え函三二）が、二十八日に京着した。これを東寺に届けたのは、新見庄の京上人夫ではなく、隣郷神代の人夫が「書伝の状」として持参した。ことばを届けるのを「言伝《ことづて》」というのに対し、この頃は、文字を届けるのを「書伝」と言って区別していたようである。通常、使者は、自分が届けた書状の内容について尋ねられれば、自身の声をもって説明する。それが使者の大事な役目の一つでもあった。しかし、この「書伝」の場合は、文字で書かれたものを持参するだけで、それについて説明をすることはなかった。状を届けるだけだった。

では、このときの人夫は、なぜ新見庄からの京上人夫でなかったのか。これについて、了蔵は書状で、

「今月の夫丸《ぶまる》」のことについて申し上げます。御百姓等の申しますには、四季八人の人夫を上せますので、春は一人休むことになります。ですから、次は来月の四月に夫を立てることにいたしますとのことです。これについて、自分自身は判断できませんし、どのように申せばいいのかわかりませんので、ぜひとも、寺家の方から命令を下していただきたいと存じます。

と書き送ってきた。

「四季八人の人夫」が御百姓等の言い分だった。四季に八人となると、季節ごとに二人ずつ京上人夫を立てるわけで、この時点で言えば、春の一・二・三月の三ヵ月のうちに二人を立て、ひと月は休みということになる。月ごとに人夫を上させて「年に十二人」と思いこんでいた東寺としては、これに納得ができない。

この問題をめぐって、地下と領主の言い分は平行線をたどった。地下人たちは、下ってきた直務代官祐清に対しても、一貫して、この主張を貫いた。寛正三年八月二十四日の祐清注進状（ト函一一五）に、

一、京上人夫は毎月一人ずつ、年に十二人を出せと申しつけていますが、これにもあれこれ

図7　いなかと京都の情報交換図（2）

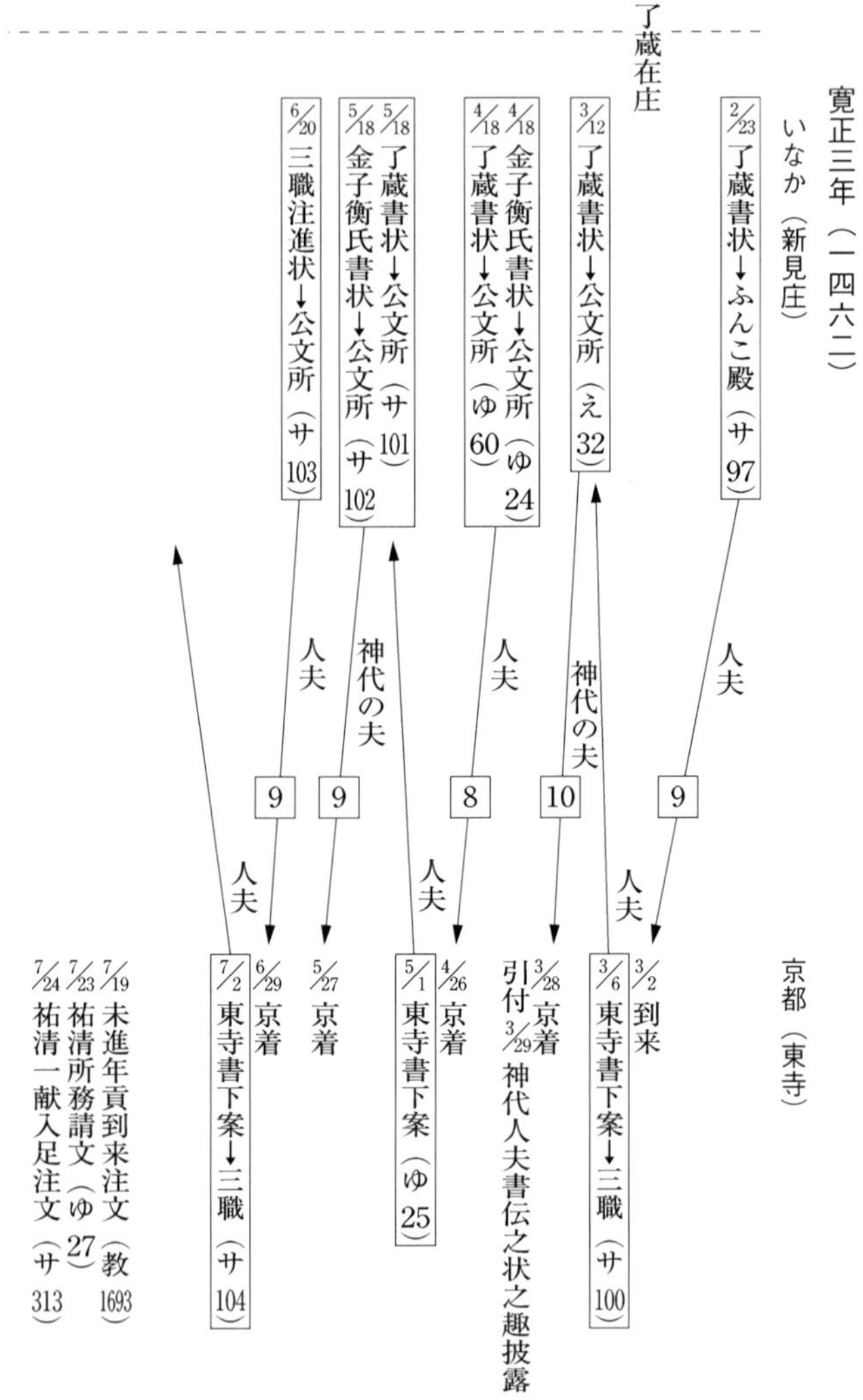
寛正三年（一四六二）
いなか（新見庄）
了蔵在庄
2/23 了蔵書状→ふんこ殿（サ97）
人夫
9
3/12 了蔵書状→公文所（え32）
神代の夫
10
4/18 金子衡氏書状→公文所（ゆ24）
4/18 了蔵書状→公文所（ゆ60）
人夫
8
5/18 了蔵書状→公文所（サ101）
5/18 金子衡氏書状→公文所（サ102）
神代の夫
9
6/20 三職注進状→公文所（サ103）
人夫
9
人夫
人夫
人夫
京都（東寺）
3/2 到来
3/6 東寺書下案→三職（サ100）
3/28 京着
引付 3/29 神代人夫書伝之状之趣披露
4/26 京着
5/1 東寺書下案（ゆ25）
5/27 京着
6/29 京着
7/2 東寺書下案→三職（サ104）
7/19 未進年貢到来注文（教1693）
7/23 祐清所務請文（ゆ27）
7/24 祐清一献入足注文（サ313）

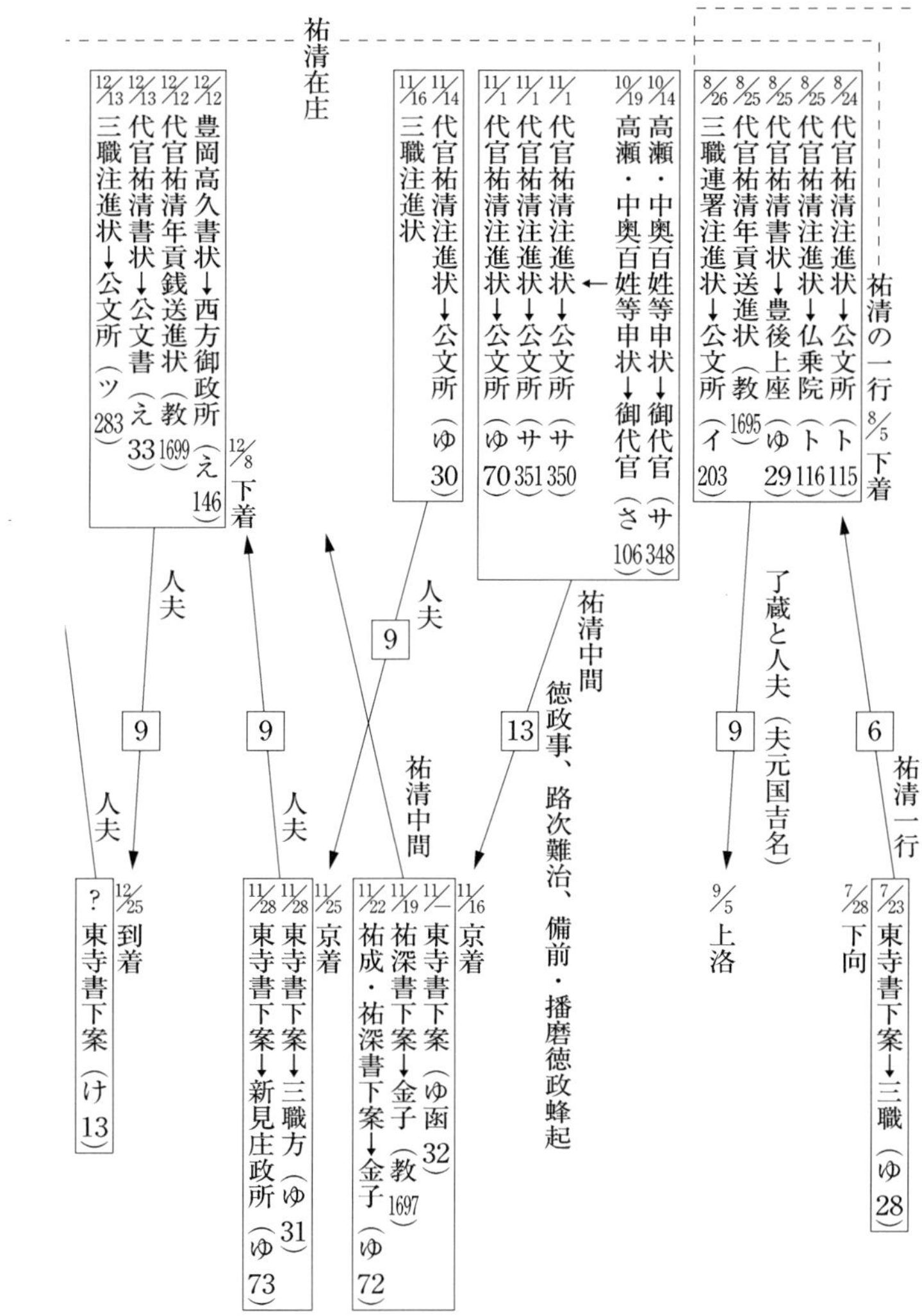

祐清の一行 8/5下着
8/24 代官祐清注進状↓公文所（ト115）
8/25 代官祐清注進状↓仏乗院（ト116）
8/25 代官祐清書状↓豊後上座（ゆ29）
8/25 代官祐清年貢送進状（教1695）
8/26 三職連署注進状↓公文所（イ203）
10/14 高瀬・中奥百姓等申状↓御代官（サ348）
10/19 高瀬・中奥百姓等申状↓御代官（さ106）
11/1 代官祐清注進状↓公文所（サ350）
11/1 代官祐清注進状↓公文所（サ351）
11/1 代官祐清注進状↓公文所（ゆ70）
11/14 代官祐清注進状↓公文所（ゆ30）
11/16 三職注進状
祐清在庄
12/12 豊岡高久書状↓西方御政所（え146）
12/12 代官祐清年貢銭送進状（教1699）
12/13 代官祐清書状↓公文書（え33）
12/13 三職注進状↓公文所（ツ283）
12/8 下着
祐清一行
6
7/23 東寺書下案↓三職（ゆ28）
7/28 下向
了蔵と人夫（夫元国吉名）
9
9/5 上洛
祐清中間
13
徳政事、路次難治、備前・播磨徳政蜂起
人夫
9
祐清中間
人夫
9
人夫
9
人夫
11/16 京着
11/— 東寺書下案（ゆ函32）
11/19 祐深書下案↓金子（教1697）
11/22 祐成・祐深書下案↓金子（ゆ72）
11/25 京着
11/28 東寺書下案↓三職方（ゆ31）
11/28 東寺書下案↓新見庄政所（ゆ73）
12/25 到着
? 東寺書下案（け13）

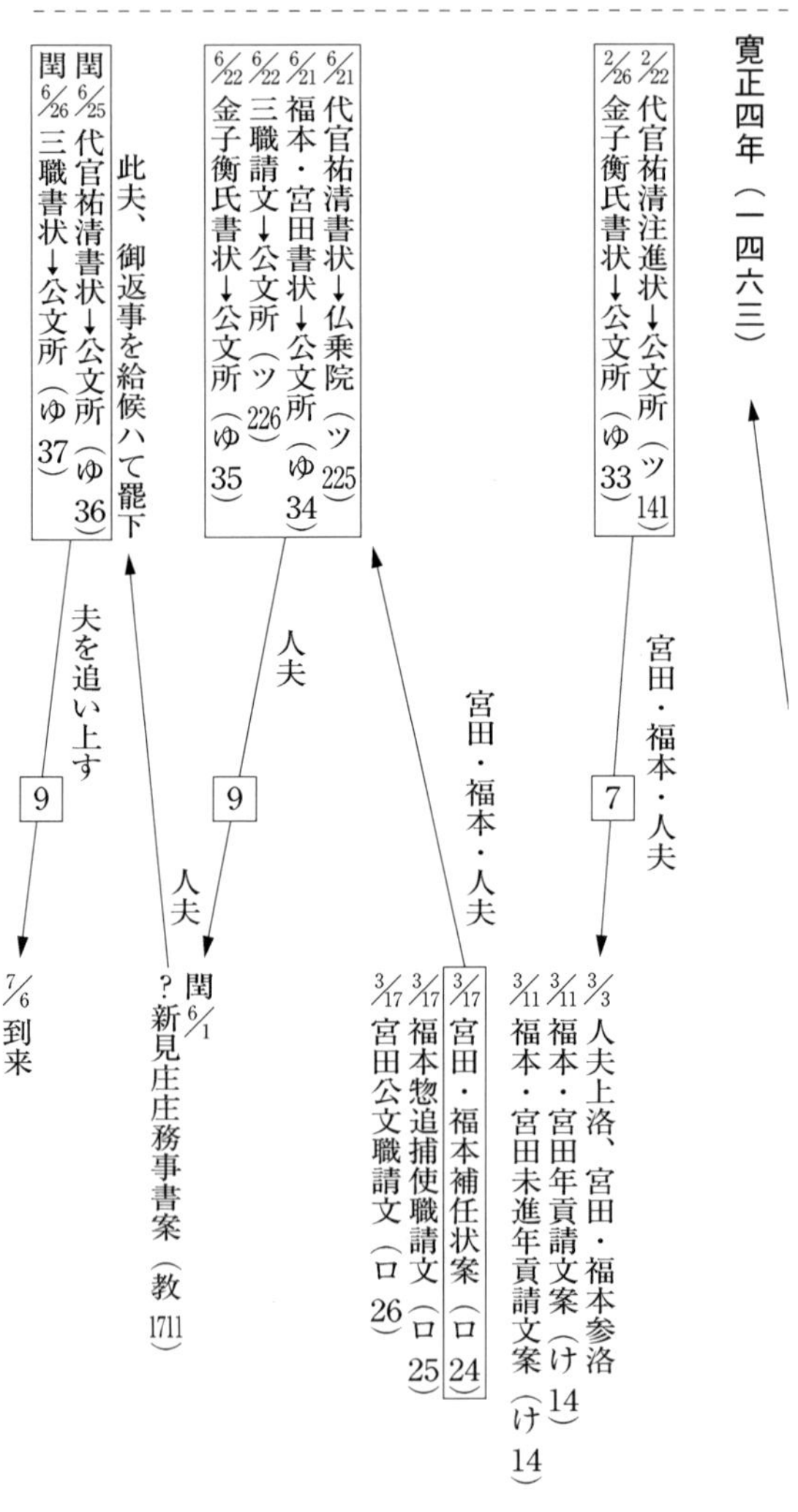
寛正四年（一四六三）
2/22 代官祐清注進状→公文所（ツ141）
2/26 金子衡氏書状→公文所（ゆ33）
宮田・福本・人夫
7
3/3 人夫上洛、宮田・福本参洛
3/11 福本・宮田年貢請文案（け14）
3/11 福本・宮田未進年貢請文案（け14）
3/17 宮田・福本補任状案（ロ24）
3/17 福本惣追捕使職請文（ロ25）
3/17 宮田公文職請文（ロ26）
宮田・福本・人夫
6/21 代官祐清書状→仏乗院（ツ225）
6/21 福本・宮田書状→公文所（ゆ34）
6/22 三職請文→公文所（ツ226）
6/22 金子衡氏書状→公文所（ゆ35）
人夫
9
人夫
閏6/1
?新見庄庄務事書案（教1711）
此夫、御返事を給候ハて罷下
閏6/25 代官祐清書状→公文所（ゆ36）
閏6/26 三職書状→公文所（ゆ37）
夫を追い上す
9
7/6 到来

と反論し、まだ承知しようとはしません。なお堅く申しつけるつもりです。

とあり、十一月一日の注進状（ゆ函七〇）でも、

一、京上夫のことにつき、十二人分を出せと厳しく申しつけているのですが、百姓等は、何としても八人をもってご容赦くださいませと言って譲りません。私はこれを承知せず、なお厳しく命じるつもりでおります。

と書いている。

末代までの大儀

この問題に決着がついたのは、寛正四年二月のことで、祐清の注進状（ツ函一四二）には、

一、京上夫のことについては、ここのところいろいろと百姓等を折檻し、きびしく言いつけましたので、当年からは十二人を上すと申しております。

と記されている。同じときに出された金子衡氏の注進状（ゆ函三三二）には、

一、京上夫のことにつきまして、いにしえ、寺家が直務をなさっていたときには四季八人を上せておりましたと、御百姓等は言い張って譲りません。しかし、あまりに何度も寺家から命じられますので、御代官とともに一生懸命に説得に当たりました。御百姓等は、「せめて、一時的に、何らかの礼銭を出してすませることができるのなら、いかほどでも銭を進上いたします。けれども、今ここで我らが折れて、年に十二人の人夫と確定され、それ

を末代にわたって負担し続けなければならないとなりますと、それは大儀でございます。何とぞ、ご容赦くださいませ」と申します。しかし、やっとこのとで説き伏せ、月宛の夫を上すことにいたします。ずいぶん御百姓等には「異見」を申すことになってしまったと、心底、思っております。

とあり、「夫役負担が増大するのは、末代までの大儀です」と主張する百姓等に対して、その言い分も理解でき、その思いに同意したい気持ちもありながら、なお寺家側の要求に応じるよう説得しなければならない庄官としての苦しい立場がにじみでている。

新見庄の百姓たちが、京上夫の問題をめぐって、これほどまでに抵抗したわけは、彼らが語ったことばによくあらわれている。当座、礼銭を出してすませられるものならば、どれほどの大きな負担もいとわない。しかし、それが「末代」にまで及ぶような夫役として固定化され継承されていくのは耐えがたい。何としても、「末代」に及ぶ過重な負担は避けたい。この「末代の夫、大儀」という意識が、彼らの強い抵抗の核となっている。

もともと、「末代」ということばは、末法の世の到来という終末論的な意味で、「末世」と同じように使われていた。それが、未来へとのびる時間軸の中に位置づけられ、「後々末代、子々孫々」というような意味あいで在地社会の中で広く語られるようになるのは、おそらく、中世も後期になってから、十四世紀半ば以後のことである。そこには、自分たちが今生きている村や家が、時間の流れの中で「末代」へとつながっていくのだという見方や考え方があり、それがまぎれもない確かなこととして在地の人びとの中に強く定着していく。坂田聡氏や榎原雅治氏は、十四世紀末から十五世紀の初め頃に、百姓等のあいだに、永続的に継承されるものとして意識されたイエが成立していたと述べているが、新見庄の百姓等もその例外ではなかった。彼らの「末代」への強い思いが、今、自分たちが直面している問題への生半可な妥協を許さなかった。

京上夫の人数に決着がつく

「月別十二人の人夫」を地下側が受け入れたとの報告を受け、この寛正四年の最勝光院方《さいしょうこういん》評定引付（け函一四）三月三日条によると、

一、当年から月別十二人の人夫を進上することを地下が了承した。そこで、正・三・五・七・九・十一月の六人分は「現夫」を上らせ、残る六人分は「夫銭《ぶぜに》」を進上するようにせよ。その銭をもって京都で人夫を雇い召し使うことにするから。そのように下知しよう。

このように供僧《くそう》等の相談がまとまった。「夫銭」は一月分二貫文を主張する東寺と、一貫五百文という地下側で対立したが、ここは東寺側が妥協して一貫五百文を認め、「京上夫」問題はようやく決着が付いた。

もめにもめた問題であったが、「月別十二人」を主張する東寺側の言い分を認めつつ、実際は「現夫」六人と「夫銭」六人というところに落ち着いた。当座の出費はいとわないので、何とか

十二人の京上夫の固定化は避けたいという地下側の意向も、取り入れられている。最勝光院方年《ねん》預《よ》堯忠が花押《かおう》をすえて、京上人夫役と夫銭支配の方式が決められたのは、これからさらに八ヵ月も後の十一月十三日のことである（オ函一七一―(一)）。こうして、ともかくも、「京上夫」が定期的にいなかと京都のあいだを往還し、物と情報とを運ぶかたちが整えられた。

京上夫を立てる名

公私末代までの請文

寛正四年（一四六三）閏六月朔日に京都に着いた人夫は、寛正二・三年両年の算用状、直務《じきむ》代官祐清や三職《さんしき》たちが書いた数通の注進状《ちゅうしんじょう》を持参し、年貢銭十五貫文と蠟一斤を運上してきた。

三職の注進状（ゆ函三四）には、、この年の春に上洛し継目《つぎめ》安堵《あんど》を承認された宮田家高と福本盛吉が、二人だけで請文《うけぶみ》を東寺《とうじ》に提出してしまったことについて、

三人で相談しましたところ、公私末代までの請文なのに、三人いっしょでなく別々に請文を出すのはよろしくありません。改めて三人いっしょに一紙にしたためて上せますので、先に宮田と福本が東寺で書いた請文は、この夫に持たせて帰らせてくださいませ。

と願い出た。ここにも「末代」ということばが出てくる。将来にわたって大きな影響を及ぼすも

のだから、三人そろっての請文でなければいけないという。

それにしても、この年の三月に京都で宮田と福本が書いて提出した請文の、いったい何が問題だというのだろう。最勝光院方引付《ひきつけ》（け函一四）に書き写されている二人の請文案には、

当庄の御年貢は、寛正四年の年から未来際を限って、一粒一銭といえども決して未進懈怠なく、毎年納入いたします。京上人夫も、先例にまかせ、不法に及ぶことなく、必ず立てます。御年貢も公事物《くじもつ》も、越年することなくことごとく進納いたします。万一、無沙汰するようなことがありましたら、何様の権門方であれ（新見庄を）お預けなされても、そのときに及んで、一言も異存を申し上げることはございません。

と記され、宮田と福本の両人が連署している。庄官職に補任されるとき、年貢・公事・夫役《ぶやく》を懈怠なく納めることを誓って請文を書くのは当然で、金子衡氏が寛正三年の春に上洛し田所職《たどころしき》に補任されたときも、田所職請文を金子一人で書いて提出した。この正文は今も東寺に残っているし、引付にも写されている。

しかし、宮田と福本が書いた請文には、もしも年を越えて未進するようなことがあれば、「何様の権門方といえども、お預けあるべし、そのときさらに一言の子細に及ぶべからず」と明記されている。もしも、約束を違えて年貢納入が遅れた場合、どこかの権門につながる勢力と再び東寺が契約しても、決して文句を言わないと誓約してしまっている。あれほどまでに努力して直務

しれない。

を実現し、ここまで何とかこぎつけてきたのに、これでは、すべてが水の泡になってしまうかもしれない。

二人から請文の内容を聞いて、金子衡氏はそれを危惧した。そこで、「公私末代までの請文ですので、三人そろっての請文を改めて書き送ります。どうか、先の二人の請文はお返しください。それをぜひともこの夫に持ち帰らせてください」と願い出たのだ（ゆ函三五）。

市場に隠れて

そのような大事な役目を託された京上夫《きょうじょうふ》だったのに、東寺の方では、なかなか返事をせず、「書下《かきくだし》」を出すのを先延ばしにした。届けられた算用状の記載に多々問題があり、三職の年貢などについても厳しく催促すべきだとの意見も出て、まとめるのに手間取った。

閏六月二十五日の祐清注進状（ゆ函三六）に、

この人夫は、ご返事もいただかないまま庄に帰ってきて、地下《じげ》に隠れていたところを、今月二十三日に、当庄の市場で見つけました。子細を尋ねましたところ、「ご返事が出るのがとても遅く、路銭に詰まって、仕方なく帰ってきました」と申します。本当に言語道断の曲事《くせごと》です。ただちに「夫元」を厳しく処罰し、この人夫は、今後のためにもと、すぐに追い上せることにしました。畏れいりますが、おねんごろに対応していただけますよう、お願いいたします。先度、この夫《ふ》が進納しましたのは、割符一・現銭五貫三百文・蠟一斤ですが、この分を確かにお受け取りになられたでしょうか。心許なく思っております。この夫に持ち帰らせる御返事で委細をお知らせください。

と書かれている。閏六月朔日に京着した「京上夫」は、二十三日になって新見庄《にいみのしょう》の市場に隠れているところを代官祐清に見つかり、厳しく問いつめられた。返事が出るのが遅くて、帰りの路銭も底を尽きそうなので帰ってきてしまったという。とんでもないことだと、祐清は即刻、その京上夫を出した「夫元《ふもと》の名《みょう》」の名主《みょうしゅ》を厳しく罰し、さらに今後の「見せしめ」のためにと、その人夫をそのまま京都へ追い上げた。祐清の気がかりは、先にこの京上夫が運上した割符や銭や蠟が確かに東寺に届いたかどうかにあり、これらが間違いなく届いているのならば、今度この人夫を下すときの御返事にその旨を明記しておいてほしいと述べている。「路銭に詰まって」、やっとの思いで庄にたどり着いた「京上夫」の窮状を思うよりも、直務代官祐清にとっては、運上した年貢銭や公事物が確かに東寺に納入できたかどうかが大きな関心事であった。

遠国より上る人夫

同じこの問題をめぐって、閏六月二十六日の三職連署《れんしょ》注進状（ゆ函三七）のニュアンスは、ずいぶん違っている。

このたび、夫丸《ぶまる》が御返事も給わらないまま、当庄に下ってきてしまいました。その道中で「違例」が起こったため、今月二十三日になってやっとたどり着きました。「大事な進上物の御返事も給わらずに帰ってきてしまって、けしからんことだ」と、御代官は京上夫を立てた名主を厳しく御せっかんなさいました。そのまますぐにその人夫を上せますので、早々に御返事を下していただければありがたく存じます。何といっても遠国から上っていく人夫ですので、しかるべき御返事を頂戴できるますように、早々にご手配くだされば、御百姓等は感謝申し上げることでしょう。

返事をもらわないまま帰ってきてしまった「京上夫」の行動について、祐清は、以前から庄内に隠れていて二十三日に市場で祐清に見つかってしまったのだと考えた。しかし三職は、新見庄にもどってくる途中で「違例」があって、それが体調異変か通行上の異変かは不明だが、いずれにしても思いがけない事態が起きて、二十三日にやっとのことで庄にたどり着いて市場にいたのだとして、人夫をかばっている。

さらに三職は、遠国から京に上っていく人夫の負担を配慮して、できるだけ早く返事を出してもらえるようにと、東寺側の迅速な対応を懇願した。「京上夫」が逃げ帰ってしまう問題は、何も夫自身や夫元の名にだけ責任があるのではなく、寺家の対応にも原因の一端があることを暗に訴えたかったのである。

夫元の名

京上夫は、「夫元の名」となる名主の責任で立てられ、往復する路銭も「夫元の名」が負担した。だから、路銭に詰まって夫が逃げ帰れば、「夫元の名」の名主が譴責される。あくまでも、責任は「夫元の名」にある。

寛正五年の最勝光院《さいしょうこういん》方評定引付（け函一六）の四月十二日条には、

新見庄から去月晦日に上ってきた夫丸は、どうにも堪忍することができないので罷り下りますと幾度も繰り返し嘆き申すので、評定の場に披露することにした。その申し分はもっともなので少し銭を貸してやるべきだと衆議で決まった。二十疋を遣わすことになり、公文所の公文代に申しつけた。借状を書かせることにする。

と評議した結果が記されている。じつは、この「京上夫」、三月晦日に京都に上ってきた。なかなか返事を出してもらえず、「堪忍叶い難き」と何度も訴えて、やっと二十疋が貸し与えられることになった。このとき、夫丸が書いた借状《しゃくじょう》（サ函一三三）が残っている。

（端裏書）
「新見庄夫丸借状」
かり申す、御料足の事
　合弐百文者
右の料足は、新見庄夫丸、路銭ニつき（尽）て候間、いろいろわび事申し候て、借用申すところ、
件の如し、
　寛正五年四月十二日　　国吉（略押）

この借用状には「国吉」と書かれており、この人夫を立てたのが国吉名であることがわかる。

「国吉」の下には、京上していた人夫自身が略押《りやくおう》をすえている。この借用状の文字はすべて公文《くもん》所《じよ》の寺官が書き、二百文を夫丸に渡すのと引き替えに、国吉という文字の下に夫丸自身の略押を書かせたのである。実際に二百文を借りたのは夫丸で、その場で略押をすえたのも夫丸自身なのだけれど、「夫元の名」は国吉名であり、この借銭の返済も国吉名の名主が負うことになる。ただ、路銭が尽きても逃げ帰ることなく公文所から銭を借用して東寺にとどまったこの人夫は、結局、四月二十六日付の東寺書下（サ函一二四）を持って新見庄へ帰ることができた。また、寛正六年の評定引付（け函一八）七月十八日条にも、

一、夫丸が申すには、長々と在京が続いているので、「御訪」に預かりたいとのことなので、

二連（二百文）を下してやった。

とある。「訪《とぶらい》」には、「訪問・見舞い」という意味の他に、「贈り物・進物」の意味がある。困ったときに仲間内で互いに扶持しあう場合に使われることばで、京都での逗留が長引くと夫丸は、このように寺に扶持を求めるようになった。

直務が開始された当初、東寺にやってくる「使僧」や「京上夫」の中には路銭に詰まって逃げ帰る者がいた。けれども、いなかと京都の往還が重ねられるにつれて、このように路銭が尽きても「わびごと」を言い、「御訪」に預って銭を借りて東寺に残り、寺家からの書下が出るのを待ち、返事を持ち帰って「京上夫」としての任務をまっとうできるようになっていった。

惣御百姓中と豊岡三郎の対立

寛正七年（一四六六）閏二月二十二日、この時期の直務《じきむ》代官だった乗観祐成と三職《さんしき》の注進状《ちゅうしんじょう》（サ函二七八）によると、またも「京上夫」をめぐって、もめごとが起こっている。

正分名か、引懸か

正分名《しょうぶんみょう》の名主《みょうしゅ》である豊岡三郎が京上夫を無沙汰しています。惣御百姓は正分も夫を立てるべきだと言います。、豊岡は人夫を出せと厳しく催促されるなら名を捨てて出奔すると申します。そうなれば、正分名が荒れてしまうことにもなりかねません。しかし、京夫を負担するうえでの「ひっかけ」も考慮すべき大事な点です。正分名は公事《くじ》の多い名ですが、だからといって夫足が欠けるようなことになってはいかがなものかと思います。

こちらが立てばあちらが立たずというわけで、祐成と三職は双方の言い分を併記しただけの注

進状を出し、

奥・里御百姓等の言い分と、豊岡の言い分を、それぞれ別紙にしたためて注進しますので、はっきりした御返事を仰せ下していただきたい。

と、ことの決着を京都の東寺に預けてしまった。

「正分名」は、また「上分名《じょうぶんみょう》」とも呼ばれる（サ函一六八―（二））。「上分」とは、初穂・初物を神仏に進上したことから発した課役で、特産物などを貢納する公事物のことである。ここでも、「正分名というのは御公事多き名にて候」とあるように、他の名と異なる特別な存在で、それゆえに夫役《ぶやく》負担を免じられた特権的な名とされている。おそらく、正分名・上分名というのは、庄園の成立当初からある伝統的な名だったと考えられる。

豊岡三郎は、正分名のその特権を守ろうとして京上夫の負担を拒否し、惣御百姓中は、状況が変わってきたのだから、正分名だって京上夫を立てるべきだと主張した。この惣御百姓中の言い分について、注進状では「京夫之ひつかけ、大事の御事」と述べている。「ひつかけ（引懸）」とは、物をどこかに「引っかける」というように使われることばだが、「引き合いに出す」「関係づける」「関連づける」というように、関連するものや事柄を引き合いに出して、それと同じようにする、平均化して等しい状態にする、同列にする、という意味でも用いられる。たとえば、「風損の時、国中平均隣郷ひっかけ」「国中の引懸けに任せて」「惣次《そうなみ》の引懸」「町の引懸」などと、中世の史料に出てくる。ここで「京夫之ひつかけ、大事の御事」というのは、新見庄《にいみのしょう》内の多くの名が「夫元《ふもと》の名《みょう》」として京上夫を立てているのを引き合い出しながら、それに準じて、等しく同じように人夫役を負担することが大事だという意味である。

つまり、ここでは、正分名という特別な名のあり方を認めるのか、それとも、皆が横並びで平等に負担を負うべきなのか、二つの言い分が対立している。

申詞を文字にする

寛正七年閏二月日の文書が二通（サ函一六八―（一）（二））、「上分名　目安二通」と書いた包紙に包まれて残されている。一通の端裏書《はしうらがき》には「御百姓中　言上」とあり、もう一通には「とよ岡　言上」と、これらを受け取った東寺《とうじ》側で覚えとして書き入れている。「目安《めやす》」は訴状のことで、しかも端裏書に「言上」とあり、文末も「仍言上如件」と結ばれているので、これらの文書は、これまで「新見庄奥・里百姓等言上状案」「豊岡三郎言上状案」と呼ばれてきた。

しかし、これらは案文《あんもん》ではなく正文《しょうもん》である。二通とも筆跡は同じで、代官祐成の手である。先にあげた代官祐成幷三職連署《れんしょ》注進状（サ函三七八）に、「おく里御百姓中候分、といおか中候分、別帋ニ注進申候」とあるのが、この二通である。これらが書かれた状況は、対立する惣御百姓と豊岡三郎の双方が、代官祐成と三職の前で互いの言い分を口頭で述べあい、それを祐成が文字に書き付けたのである。声のことばで語られた「申詞《もうしことば》」を文字にする、この光景は訴訟の場で

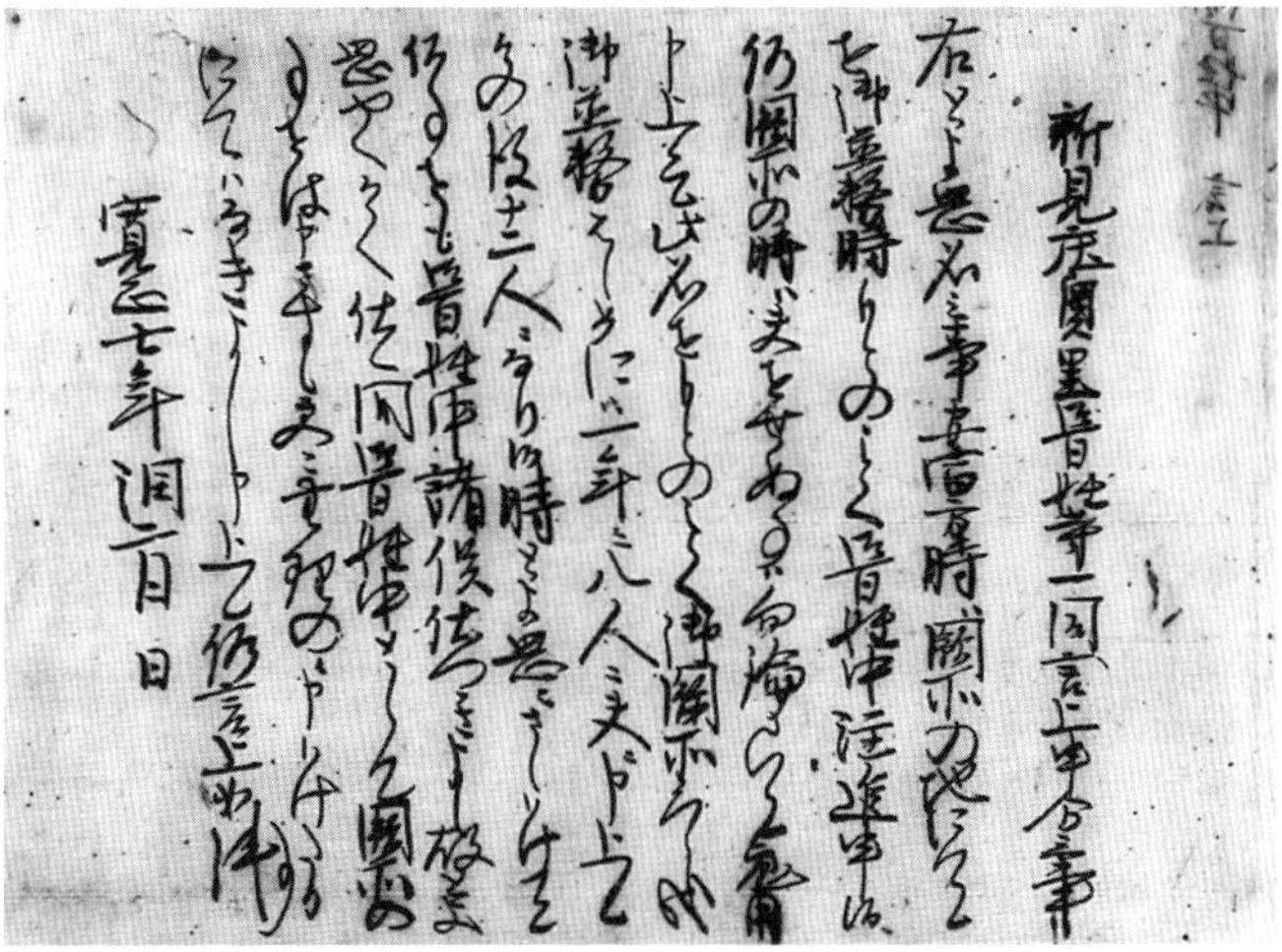

図８　寛正７年閏２月　日　新見庄奥・里百姓等申詞記（サ函168―⑴）

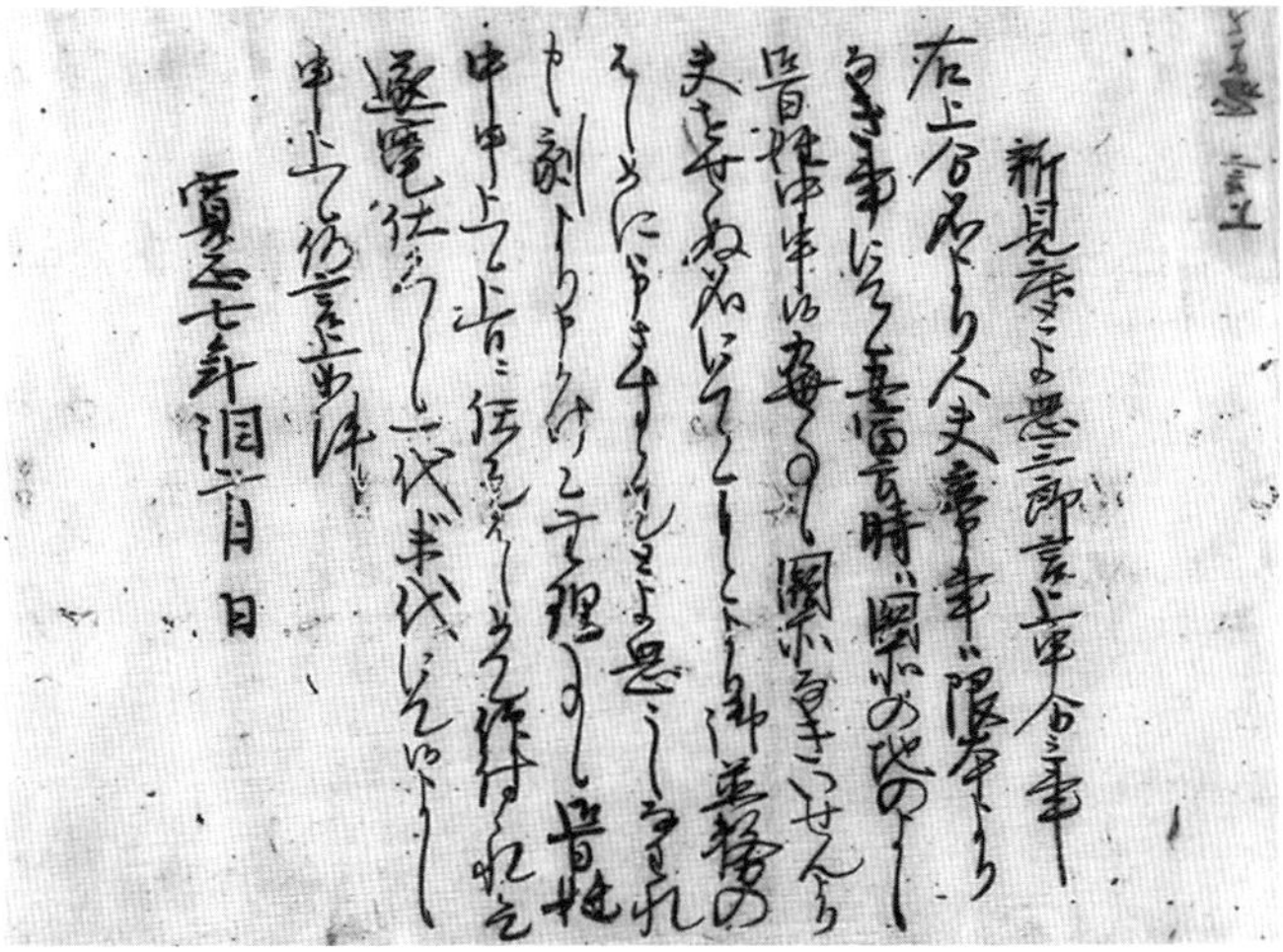

図９　寛正７年閏２月　日　豊岡三郎申詞記（サ函168―⑵）

「問注申詞記」が書かれるときとまったく同じである。代官祐成と三職は、多くの裁判における問注官のように、対立する双方の言い分をできるだけ声のことばそのままに文字にし、それぞれを別紙に書いて東寺に送り、その裁定を仰ぐことにした。というわけで、この二通の文書名は、「新見庄奥・里百姓等申詞記」「豊岡三郎申詞記」ということになる。

対立点はどこか

では、双方の申詞記から、具体的にその対立点をさぐってみよう。

表1に見るように、論点は①②③の三つである。

①大前提

豊岡のいう「正分名（上分名）から夫を立てることは根本からなかった」という原則に対して、惣御百姓側はまったく言及しておらず、これに対しては互いに異存がない。

②闕所地《けつしよち》だったのか？

「闕所」というのは、戦争に敗北したり、犯罪行為により、所領や所職を没収されることである。正分名主だった豊岡は、安富《やすとみ》方の支配下で、何らかの犯罪行為もしくは年貢未進などによって名を没収され、名主としての地位を追われ、正分名もその実体を失った。闕所された名が夫役を負担しないのは当然である。東寺の直務支配に変わったとき、御百姓中がそれを注進しなかったおかげで、豊岡の名は復活できたのだ。そのように主張する惣御百姓中に対して、豊岡はこれを「曲事《くせごと》」として斥けている。しかし、他方で、「闕所でなかった以前

表1　申詞記に見る惣御百姓と豊岡三郎の対立点

	奥・里御百姓等一同	豊岡三郎
①		・上分名から人夫を立てることは、根本からなかった。
②	・とよ岡の名は安富のときは闕所地だったが、直務になったとき、もとのように名として御百姓等は注進した。 ・闕所のときは夫役を負担しないのは当然のことだ。今になって兎角の異議を申し立てるなら、この名をもとのように闕所になされてもいいというのか。	・安富方のときは闕所地だったと御百姓中が申すのは曲事だ。 ・闕所なき以前から、夫役をしない名だった。
③	・直務の初めは、一年に八人の夫だったが、その後十二人になったときに、とよ岡にも負担増分を差し分けた。なぜなら、何事も御百姓中と同じように諸役を仕ると、故とよ岡が約束したから、御百姓中として闕所のことは申さなかったのだ。決して無理矢理に分担を押しつけたわけではない。	・直務の初めから申し入れないで、とよ岡が失われてしまったときから、京上夫を出せと、当方の混乱に乗じて無理矢理に押しつけてきた。御百姓中の言い分を認め、初めて当方に人夫を出せと仰せつけられるなら、自分は逐電してしまうつもりだ。一代は末代なのだから。

から夫をしない名だった」と闕所の事実を認めるような発言もあり、この点について豊岡側の言い分には揺れがある。おそらく、安富方の時期に豊岡の名が闕所地だったのは事実で、直務支配への交代時期に、御百姓中との合意により、それを東寺に知らせなかったので、豊岡は名主として復活を遂げることができたのであろう。

③豊岡に人夫を立てるよう命じられたきっかけは？

京上夫が年に八人から十二人に増員されたとき、豊岡にも分担してもらうことになった。御百姓中から闕所地だったと申告しない代わりに、故豊岡は「何事も御百姓中と同じに諸役を負担する」と約束した。だから、このたび、京上夫が年に十二人になったときに、人夫を立てるように要請したのであって、決して無理矢理に押しつけたのではない。このように惣百姓中が主張すると、豊岡三郎の方では、それなら、直務になった当初から言うべきだ。そうはしないで、豊岡が失われたときから、その混乱につけ込むように、無理を申しかけてきた。こうなったからには、逐電《ちくでん》してでも拒み続けるつもりだ。このように言い張り、強硬姿勢をくずさない。

この豊岡三郎のことばにも、「一代は末代」が出てくる。自分の代で決定したことは末代にまで及ぶ大事であり、軽々に何事にも妥協などはできない。その意識が百姓等の中に強く根づいていた。

それにしても、庄園の支配が変わる「代替わり」は、じつにさまざまな動きを引き起こすものである。安富方の支配下で闕所とされていた豊岡の名が、東寺の直務支配に変わったときに、惣御百姓中がこの事実を申告せず、豊岡は節岡名主として以前のように復活を遂げたという。その復活が、以前の正分名そのものの復活ととらえるか、それとも「何事も御百姓中と同じに諸役を負担する」惣並の名ととらえるか、ここに、豊岡三郎と惣百姓中の対立が起こった。だが、もし、この対立が起こらなければ、直務の初めに「闕所地」を申告しなかった事実は明らかにならなかったに違いない。ここから、庄内の名を軸にした秩序が、いかに惣百姓中による意思決定に支えられたものだったかがよくわかる。

生涯つかまつり候とも

ところで、惣御百姓中が「故とよ豊岡やくそく仕り候」と言い、三郎が「とよ岡うしなわれ候刻より」と述べるように、この対立よりも以前に、節岡正分名主の豊岡が死んだのは間違いない。

高瀬・中奥の百姓が損免問題で直務代官祐清ともめていた寛正三年十二月十三日の代官祐清注進状（え函三三二）に、

豊岡方が川成と申して折紙《おりがみ》で損免を申し入れてきたので、その折紙を私の注進状とともに進上しますが、奥にも里にも川成と主張する者が大勢おりますので、決して損免は認めないと、仰せ下していただきたいのです。一人の御免を認めれば、皆々口々に我も我もと損免を求めてまいりましょう。この豊岡は年貢を無沙汰して、いろいろと緩怠を重ねている者で、一段と厳しい成敗を加えねば、他の者にも示しがつきません。つい先頃も、私自身が彼の者のところまで出向いて厳しく催促し、去年分の未進も、当年分の年貢も、皆済しないというなら、「しやうかい（生涯）つかまつり候とも、罷り帰るまじ」と脅しつけましたら、やっとのことで二百文を納めました。でも、まだまだ、未進は過分に残っています。

とある。代官祐清は豊岡方と川成や年貢未進の問題でもめていた。つい先頃も、豊岡宅まで自身が出向いて厳しく催促を加えた。そのとき、祐清は「自分はここで命を絶つことになっても、年貢を収納せずに帰るわけにはいかない」と詰め寄っている。

ここで思い返されるのが、初めて新見庄に到着した祐清の出した注進状のうち、仏乗院御坊人々御中宛のものに、

まかり下ったときから覚悟していることですが、たとえ一命を失うようなことになっても、御年貢を無沙汰する百姓等は、その名から放逐し、厳しく罪科を加えるつもりです。

とあったことで、祐清は下向した当初から、自分の命を失うようなことになっても、年貢を無沙汰する百姓等には「名の召し放ち」などの厳しい「罪科」を科すると明言していた。自分の命と百姓等の命とを対峙させながら所務に臨む覚悟だった。

豊岡とのあいだで、そのような緊迫したやりとりが先頃あったばかりなのに、なんと豊岡はま

たも、このように詫び言を申し入れてきた。にがにがしい思いで祐清は、自分に宛てられた豊岡の次のような折紙（え函一四六）を、自身の注進状とともに東寺に送りつけている。

畏まって申し上げます。

流れのわびごとを、何度も何度も申し上げておりますが、いまだ聞き届けていただけません。馬でひとめぐりなさる範囲内に自分の田はございますので、流されてしまった田の現状を御覧になってもらいたいのです。下地五反すべてが流れてしまいました。この詳細につきましては、御代官（以前に下ってきていた二人の上使、祐成と祐深）も了蔵も、よくよくご存じのことです。もし仮に、私一人に損免を認めていただいても、弓矢八幡も御照覧あれ、決して他人に言いふらすようなことはいたしません。だから、どうか、御扶持をお願い申し上げます。

豊岡方う京助

高久（花押）

十二月十二日

西方

御政所殿

人々御中

ここには、自分だけに損免を認めてくれれば「弓矢八幡」に誓って決して他の者たちにこのことを言いふらしたりしないから、と特別扱いを要求する豊岡の姿がある。「弓矢八幡」への誓約文言は武家の起請文《きしょうもん》に多くある。新見庄でも、三職の誓詞に出てくるが、ここからも、豊岡右京助高久が新見庄内で有力な侍衆《さむらいしゅう》の一人だったことがうかがえる。

寛正四年と歳が改まっても百姓等の年貢無沙汰は続いた。祐清はさまざまに策略をめぐらせ、伊勢氏と契約すると東寺から仰せがあったなどと偽りを言って百姓等を脅したり、「年貢納入の五分一の得分、一年限りの所務」という約束で下ってきたが、五分の一以上の御扶持《おふち》をもらわないと、とてもやっていけないと東寺に訴えたり、さらには、宮田と福本が上洛すると聞いて、いっしょに自分も上洛すると言い出し実際に道にまで出て行き、三職があわてて押しとどめるようなこともあったという。祐清はせっぱ詰まった極限状態にあったのだろう。新見庄に在庄するのがつくづくイヤになったので、この年の収納が終われば、十月か十一月には必ず上洛するつもりだ、とも京都に伝えていた。

しかし、物事はそれぞれ互いに関わりあい、めぐりめぐって、思いがけない結果を生み出していく。

殺害された代官祐清

祐清殺害と自検断

次々に注進状が

寛正四年（一四六三）九月三日、東寺《とうじ》では最勝光院《さいしょうこういん》方供僧《くそう》等の評定が開かれた。相次いで届いた新見庄《にいみのしょう》からの注進状《ちゅうしんじょう》には衝撃的な事件の発生が記されており、緊急に相談しなければならなかったからである。評定引付《ひきつけ》（け函一四）の九月三日条には、

新見庄代官の祐清と、中間男の兵衛次郎が、八月二十五日に、新見庄地頭方の領内で、下馬《げば》相論により、谷内・横見の二人によって殺害された。

と書かれている。この事件については、渡辺太祐氏や清水克行氏が詳細な検討を加えられた。本章をまとめるに当たっては、両氏の研究から多くを学んだ。

祐清殺害事件をめぐって、八月二十七日という同じ日付の三職《さんしき》注進状が三通届いた。三職は

次々と矢継ぎばやに注進状を書き、急いでそれらをまとめて使僧に持たせ、事件の発生とその後の経緯を東寺に知らせてきた。受け取った東寺の方では、それぞれの注進状の封紙に「寛正四　九　三」と到着した日時を書き付け、それに一・二・三と順番を記入した。「一」と番号の付けられた最初の注進状（サ函一二〇）は「畏み申し上げ候」で始まり、「二」（え函三六）が「重ねて申し上げ候」、「三」（サ函一一二）に「畏み申し上げ候、抑《そもそ》も、数通申し上げ候へども、重ねて申し候」とあることから、相継いで届いた三通の三職注進状の情報を整理するため、東寺の側でこれらを順にならべて番号をふったのである。

最勝光院方供僧等の評定では、「国において、三職以下が種々の沙汰をおこなった以上、京都の方で重ねて兎角の沙汰をするには及ぶまい。とにかく、まずは、急いで上使《じょうし》を下すことが肝心だ」と衆儀し、翌四日に、東寺領播磨国矢野庄の田所《たどころ》だった本位田家盛を新見庄に下すことにした。「着替えの着物も持っていない」と本位田家盛が言うほどに、それは突然の決定だった。本位田の家は、長年にわたって東寺領播磨国矢野庄の田所をつとめてきた。しかし、このとき、本位田家盛は播磨守護山名氏の被官ともめごとがあり（ツ函一三八）、田所職を追われる身だった。その問題のためか、彼はたまたま東寺に来ていたのだが、新見庄で直務《じきむ》代官が殺害されるという思いもよらない事態に対処するためには、庄園現地の事情に精通した庄官経験者が最適だということで、急遽、上使として新見庄へ下向するよう命じられたのである。

お宮めぐりは、口実だった

「一」と番号がふられた三職注進状（サ函一一〇）の最初の段には、

御代官は、今月二十五日、当庄のお宮めぐりに出かけられました。相国寺の禅仏寺領になっている地頭方の領内で、谷内という地下人《じげにん》が家を作っているところを通りかかったところ、「下馬とがめ」をして、谷内と横見という者が二人で御代官を討ってしまいました。われわれの在所から一里ばかりのところにあるお宮まで追いかけてきて殺害したのです。

と第一報があった。この注進状では、祐清は「お宮めぐり」に出かけ、その途中で地頭方の谷内と横見に殺されてしまったと記されているが、じつは、この日も祐清は年貢収納をおこなっていた。後に本位田家盛が、百姓等から祐清の発給した年貢請取状を回収して年貢収納について検討を加えた「新見庄領家方所務注進状幷年貢等納状集（『教王護国寺文書』一七一四）が残っている。辰田芳雄氏はこれをもとに代官祐清の所務の実体を考えるため、祐清請取状を一覧表にまとめられた。表2はその八月分のみを表示したものである。

表2　祐清発行の年貢請取状寛正四年八月分一覧

請取番号	納入者	年貢米・銭	記載事項	年月日
二一	為真	五十文	去年未進分	寛正四年八月四日

六七	則行平左衛門	百文	但、去年未進分	寛正四年八月五日
一四八	金子方	二百文		寛正四年八月五日
一五〇	宮田方	二百文		寛正四年八月五日
一七	為真	一斗一升一合	但、去年未進分	寛正四年八月十一日
四八	せちおか紀大夫	百文	去年未進分	寛正四年八月十四日
一五五	宗末三郎兵衛	百文		寛正四年八月十四日
一五七	友清名分友清衛門	百文		寛正四年八月十四日
一〇四	則行兵衛	一斗八升一合	去年未進分	寛正四年八月十九日
一五一	長田方	三百七十二文	酒代度々分	寛正四年八月二十二日
二二	為真	百文	去年未進分	寛正四年八月二十四日
六八	平さ衛門	百文	但、去年未進分	寛正四年八月二十四日
八八	福本方	二百文	但、去年未進分	寛正四年八月二十四日
九七	利宗三郎兵衛	百文	但、去年未進分	寛正四年八月二十四日
一五二	利真林方	百文		寛正四年八月二十四日
一五三	宗末三郎兵衛	二百文		寛正四年八月二十四日

一五四	三郎左衛門	五十文		寛正四年八月二十四日
一五六	吉国竹ト分友清衛門	百文		寛正四年八月二十四日
八二	節岡大郎兵衛	百文	但、去年未進分	寛正四年八月二十五日

（出典）辰田芳雄『室町・戦国期備中国新見荘の研究』二五～三〇頁（二〇一二年、日本史料研究会）をもとに作成。

祐清はこの寛正四年八月も年貢徴収のために庄内を動きまわり、二十二日には長田方から三百七十二文、二十四日には福本方から二百文、為真から百文、則行平さ衛門から百文、利真林方から百文、利宗三郎兵衛から百文、宗末三郎兵衛から二百文、三郎左衛門から五十文、友清衛門から百文、そして事件当日の二十五日には節岡太郎兵衛から百文の年貢銭を徴収している。「お宮めぐり」で地頭方領内に入ったというのは、口実だったことになる。

下馬とがめ

下向した上使本位田家盛は、三職たちから詳しく事情を聞き、十月二十六日に注進状（ツ函二六二）を送ってきた。そこには、祐清の供をした「地下のほうとう」が、その場の難を逃れて三職や百姓等に急を知らせた証言がある。「地下のほうとう」とは、地下人のうちで、年貢催促などに同行して触れまわる役目を担った「ほうとう（報頭）」をさすものと思われる。祐清には、他に中間二人が同行していた。中間の一人兵衛次郎は祐清とともにその場で殺害され、もう一人の彦四郎はからくも窮地を脱して逃げ帰ってきたのだ。「地下のほうとう」はその場に居合わせた者でなければ語れない緊迫した状況を伝えている。

こちらの代官に、「下馬をしないのは、けしからん」といって、家づくりの者たちが追いかけてきました。代官は、「谷内方の家だとは知らなかったので下馬しませんでした。お許しください」と詫びて、すぐに下馬しました。ところが、それでも、大勢で刀を抜いて追いかけてくるので、祐清も刀を抜いて構えました。すると、後から追いかけてきた横見と谷内の両人が、「そういうことならば、どうか刀をおさめてください」と申し、祐清も「下馬をしたうえは、ともかくも」と言って刀を鞘に指しました。すると、そのとたんに、横見と谷内の二人が祐清に切りかかって殺してしまったのです。祐清が乗っていた馬や太刀・具足、身につけていた衣装まで剝ぎ取られました。

こうして、まるで、だまし討ちにあったように、祐清は命を落としたという。

「下馬とがめ」とは、馬に乗ったまま通り過ぎてはならないとされる場所を下馬しないで通過した者に対して、礼儀を欠いた行為だと咎め立てすることである。地頭方領内に立ち入った祐清が、「谷内の家だとは知らなかったものですから」と詫びているように、これは、下馬すべき場を見誤ったことによるアクシデントだったのだろうか。

しかし、それにしても、なぜ地頭方の地下人である谷内の家が下馬すべき特別な場所なのか、これがなかなか納得いかない。一つの考え方として、「家づくりの者たちが追いかけてきた」と

図10　いなかと京都の情報交換図（3）

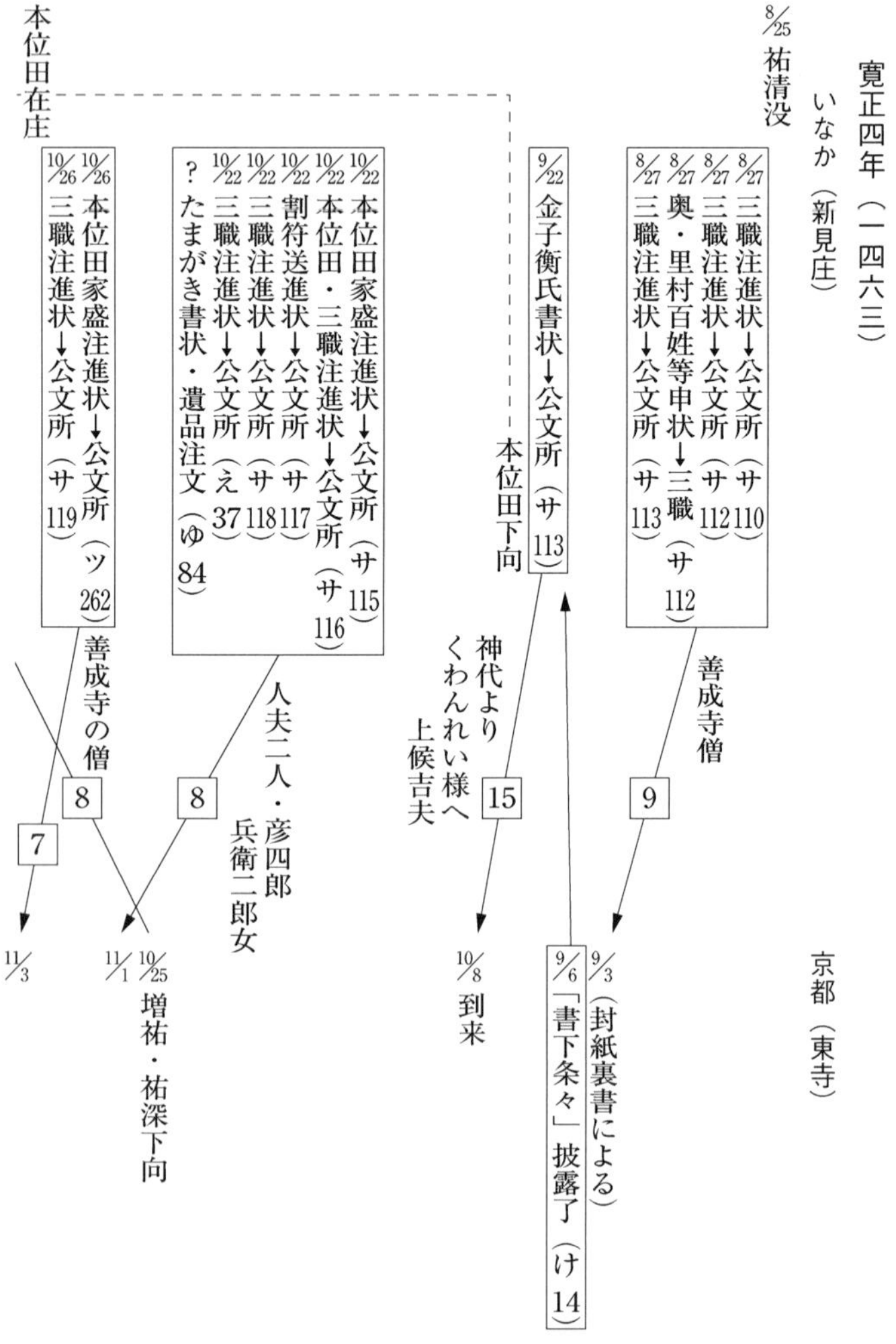
寛正四年（一四六三）
いなか（新見庄）
8/25 祐清没
8/27 三職注進状→公文所（サ110）
8/27 三職注進状→公文所（サ112）
8/27 奥・里村百姓等申状→三職（サ112）
8/27 三職注進状→公文所（サ113）
善成寺僧
9
9/22 金子衡氏書状→公文所（サ113）
本位田下向
神代より くわんれい様へ 上候吉夫
15
10/22 本位田家盛注進状→公文所（サ115）
10/22 本位田・三職注進状→公文所（サ116）
10/22 割符送進状→公文所（サ117）
10/22 三職注進状→公文所（サ118）
10/22 三職注進状→公文所（え37）
? たまがき書状・遺品注文（ゆ84）
人夫二人・彦四郎 兵衛二郎女
8
本位田在庄
10/26 本位田家盛注進状→公文所（ツ262）
10/26 三職注進状→公文所（サ119）
善成寺の僧
8
7
京都（東寺）
9/3（封紙裏書による）
9/6「書下条々」披露了（け14）
10/8 到来
11/1 10/25 増祐・祐深下向
11/3

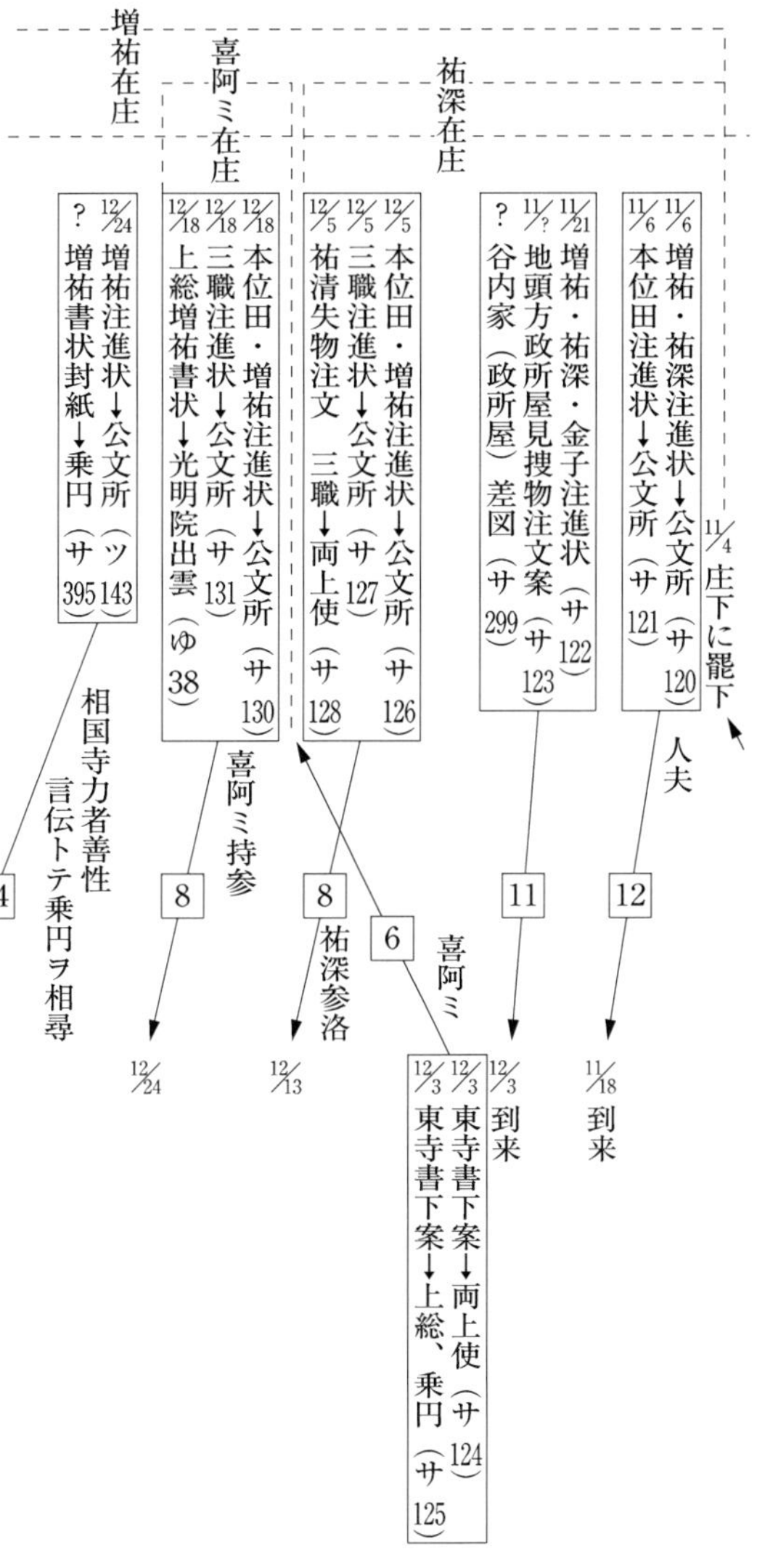
増祐在庄
喜阿ミ在庄
祐深在庄
11/6 増祐・祐深注進状↓公文所（サ120）
11/6 本位田注進状↓公文所（サ121）
11/4 庄下に罷下
人夫
12
11/18 到来
11/21 増祐・祐深・金子注進状（サ122）
11/? 地頭方政所屋見捜物注文案（サ123）
? 谷内家（政所屋）差図（サ299）
11
12/3 到来
12/5 本位田・増祐注進状↓公文所（サ126）
12/5 三職注進状↓公文所（サ127）
12/5 祐清失物注文　三職↓両上使（サ128）
8
祐深参洛
12/13
12/3 東寺書下案↓両上使（サ124）
12/3 東寺書下案↓上総、乗円（サ125）
6
喜阿ミ
12/18 本位田・増祐注進状↓公文所（サ130）
12/18 三職注進状↓公文所（サ131）
12/18 上総増祐書状↓光明院出雲（ゆ38）
喜阿ミ持参
8
12/24
12/24 増祐注進状↓公文所（ツ143）
? 増祐書状封紙↓乗円（サ395）
相国寺力者善性
言伝トテ乗円ヲ相尋
14
寛正五 1/8 到来

いう箇所に注目して、建設中の家の前を通過するときには下馬することが、中世社会では守るべき大切な礼儀だったのではないか、という見方が提起されてきた。けれども、建築中の家の前が、誰もが下馬して通らねばならない特別な空間だとするような事例は、中世の史料のどこにも見あたらない。

ときを移さず動き出す

「一」と番号のある三職注進状（サ函一一〇）では、最初に祐清の殺害を知らせたあと、続く後段で、自分たちが取った行動を詳しく書いている。東寺の供僧等が評定で、「国において三職以下が種々の沙汰をおこなった以上は、京都の方で重ねて兎角の沙汰には及ぶまい」とした三職と百姓等による「種々の沙汰」とは、以下のような行為だった。

①すぐに我らはときを移さず、彼の敵方に押し寄せました。だが、谷内も横見もどこかに落ち失せて姿が見えません。そこで彼らの家を焼き払いました。

②そうこうするうち、彼らが地頭方の代官所に籠もっているとの情報が入ったので、駆けつけてみると、こちらの御代官の乗っておられた馬が地頭方代官所につながれていました。「これでは、まったく盗賊ではないか」ということで、押しかけて行きました。あいにく地頭方代官の庄主は出かけていて留守だったので、しかたなく政所《まんどころ》屋を焼き払いました。

③そのまま、そこに陣を取って敵の行方を尋ね探したのですが、遠くまで逃げ落ちたようで

行方もわからず、立ち向かうべき敵もいないので、まずはその場を退きました。

④すると、庄主は石蟹《いしが》郷新屋《にいや》垣内という領地におられるという知らせが入り、「御代官を殺害した科人を、庄主の手で処罰してもらおう。もし御成敗がなされないというなら、庄主自身に自害してもらうまでだ」と三職や百姓等のあいだで相談がまとまり、二十六日に押し寄せました。すると、その場に、当国守護殿の御内人である西尾方と河合方があらわれ、我らと対面して申されるには、「もし科人が帰国するようなことがあれば、庄主とともに必ず成敗するから」と堅く約束なさったので、我らは引き上げてきました。

科人の家を焼く

ここで、思い出されるのが、寛正二年の十月に新見庄に最初に入部した上使が書き送った「庄内で事件が起これば、惣追補使《そうついぶし》が頭となって、直務の御代官の成敗をあおいで、科人《とがにん》を追補し事件を解決します。守護不入の地なので郡代方などに知らせたりしません」（え函一八）ということばである。つねづね地下人たちは、事件が起きても自分たちの力で犯人を捕え、その罪を裁き、断罪するのが当然だと考えていた。守護方の郡代に訴えたり助力を得ようなどとは考えていない。しかも、そのうえ、このたびの事件で殺されたのが、そうした際には御成敗をあおぐとしていた直務代官である。三職・百姓等がただちに同心し結集したのは、自らの手で犯人を捕らえて処罰すること、つまり「自検断」をおこなうためであった。

ところが、敵方の家に押し寄せたときには、すでに谷内と横見はどこかに姿をくらましており、すぐに身柄を拘束して処罰することが叶わなかった。そこで、彼らの家を焼いた。科人の家を焼くという行為は、中世の多くの史料に広くその例が見られる。それは在地社会の制裁手段として慣習化していた。新見庄の百姓等がここで取った行為も、その一環として理解できる。

しかし、では、「なぜ家を焼くのか?」となると、じつは、これがよくわからない。谷内や横見の家を焼いたのは、逃げ失せてしまった彼らが舞い戻ってきても、自分たちの家は焼かれて跡形もない家族もいないという窮地におちいらせるため、物理的にそれを焼失させてしまったのだ、と見るもことできる。しかし、勝俣鎮夫氏は、中世人の家に対する観念について深く追究し、犯科人の家そのものに犯罪の穢《けが》れが宿っており、共同体の中にそれを残さないために一種の祓《はら》いの意味で家を焼失させてしまうのだと結論づけた。当時、「家を焼く」ことは、犯した罪に対する罰として加えられる正当な検断行為だと考えられていたことは確かである。それゆえ、これ以後、複雑な経緯をたどるこの事件においても、谷内と横見の家を焼いた行為については、一度も非難されたり問題とされることがなかった。

政所屋にも火をかける

問題は、②の行動である。谷内と横見が籠もっているとの知らせを聞いて、大勢で地頭方政所屋に駆けつけると、そこには殺された祐清が乗っていた馬がつながれていた。もし誰かの家内で、盗まれた品（贓物《ぞうぶつ》）が発見されると、その家の人間が盗人であることの確かな物証とされた。殺された祐清の馬が盗まれ、それが地頭方政所につながれていることは、まさにそこに盗賊がいることの動かぬ証拠だというわけで、「一向とうぞく（盗賊）にて候や」と皆で押しかけた。しかし、あいにく地頭方の代官が留守だったため、ここも焼き払った。この点について、十月二十六日の本位田家盛注進状（ツ函二六二）には、もっと詳しい状況が記されている。

政所屋は楯を突き出し、来るなら来いと招きかけているようだったので、さては「てき（敵）人」が籠もっているに違いないと思って押しかけましたが、すでにここも落ち失せたようです。しかし、もしかして、「政所屋の中に隠れ籠もっているかもしれない。それなら焼き出してやれ」と火をかけました。

祐清殺害の張本人というだけでなく、馬や刀までも盗んだ盗人でもある谷内と横見の二人、その彼らが隠れ籠もっているかもしれない地頭方政所屋は、押し寄せた三職以下領家方百姓等に対して、あたかも応戦するぞと招きかけるように、いくつも楯を突き出し、防御の構えを取っていた。しかも、敵人の引き渡しを交渉しようにも、地頭方代官の庄主は留守だった。こういう状況では、政所屋も敵人の籠もっている家と見なすしかない。だから政所屋を焼くことになったのだ。「どうして、かたきが籠もってもいない政所家などへ、我らが攻めかかり申すことがありましょうや。かたきが隠れていると思ったからこそ、火を放ったのです」と三職や百姓等は自分たちの行為の正当性を強く主張した。

ところで、祐清殺害の一報をもたらした八月二十七日付の三職連署注進状（東寺が一・二・三と番号を付けたもの）と一緒に、奥・里村御百姓等が書いた三職宛の折紙《おりがみ》（サ函一一二）も東寺に届けられていた。

このたびの子細、ここちよく候

（折紙奥書）
「百姓ノ折紙寛正四　九　三」
畏《かしこ》み申し上げ候、
そもそも、御代官の事、しかるべきように御談合あって、早々に下向していただけるよう、御注進なさってください。我らも涯分、御年貢納入に奔走する所存です。それにしても、返す返す、このたびの子細はここちよく、我らまでも本当によかったと思っております。恐々謹言、

八月廿七日　　おく里村
　　　　　　　御百姓等

三職御中

三職が、自分たちに宛てられたこの百姓等折紙を、三職注進状三通といっしょに東寺へ届けたのには、わけがあった。「今度子細こゝちよく候間、我らまて目出候」という百姓等の認識を東寺に知らせて、御百姓等は、全員こぞって参加したこのたびの検断行為を「ここちよく候」「目

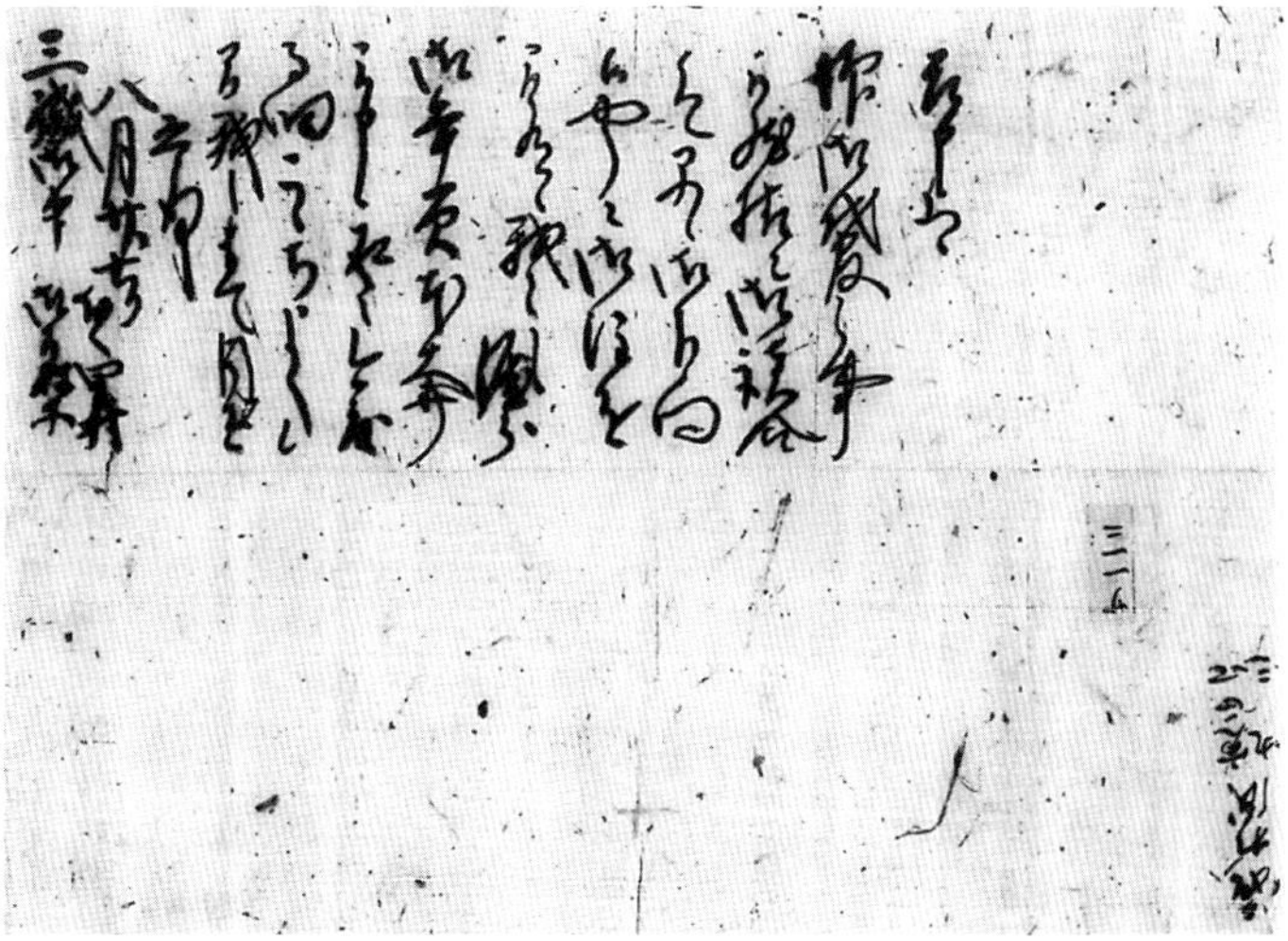

図11　（寛正４年）８月27日　新見庄奥・里百姓等折紙（サ函112）

出候」ととらえていることを示すためである。

「こ、ちよく」という表現は、下向してきた本位田家盛の十月二十二日の注進状（サ函一一五）にも、

祐清が命を落とした際（＝生涯のきわ）のことについて、こちらに来て詳しく聞きました。こ、ちよく、そのせいはい《成敗》をいたされましたので、東寺の方からも、いよく御ほうひ《褒美》あるべく候、

と書かれている。祐清は殺されてしまったが、自分たちは見事にその「成敗」をやってのけた、これが三職と百姓等の共通認識だった。矢野庄の田所だった本位田家盛も、この「成敗」をやり遂げた三職や百姓等を褒めてやってくれと東寺に求めている。

地頭方政所屋差図

一枚の差図

ここに「新見庄地頭方百姓谷内家差図」（サ函三九九）と名づけられた一枚の差図《さしず》（一一二頁掲載図12参照）がある。この差図は、中世百姓の家のありさまを示す貴重な史料として、早くから建築史研究において注目されてきた。だが、それは、あくまでも、中世の百姓家を考えるという視点から考察が加えられてきた。

しかし、谷内の家といえば、その家づくりのところに祐清が通りかかり、「下馬《げば》とがめ」された場所である。しかも、この差図の「裏書《うらがき》」には、「八月廿五日、よ（寄）する時家也」とある。八月二十五日とは祐清が殺害された日である。となると、この差図は祐清殺害事件と深く関わって書かれたものに違いない。

差図の全体を見ると、まず、大きく二つの区画に分けられていることがわかる。右側にあるのが「主殿東向」で、その左右の脇に「谷内家」「此家作時事」と記入されている。また「さつしや（雑舎）南向」もある。ここが地頭方百姓谷内の家ということは明らかである。次に左側に目を向けると、まわりを堀で囲まれた空間があり、南に向かって正門があり、道側には塀がめぐらされている。この大きな区画の中には、「客殿東向」「蔵北向」「くり《庫裡》南向」と注記のある三つの建物が建っている。ここと谷内の家とは、小門と橋でつながっており、「かん《閑》所（＝便所のこと）路」「路チ《次》」から家の裏手の竹藪の方に道が通じていて、西側にはずっと竹が植えられている。さらに、差図の左端（南側）からは大道が門の正面に向かって延びており、さらに道はそこから東側に曲がり、堀に沿ってさらに北に折れる道が続いている。この道沿いの右側には「家」「家」「家」などと書き込まれていて、小さな家々が道をはさんで並んでいるようすが見てとれる。この道からは谷内の門へと通じる道もある。

注目すべきは、東側の「路」「路」と書かれたその道筋を示すラインの下、ちょうど堀で囲まれた区画の終わるところに、「自是馬ニ被上、是まてハ下馬」と書かれた箇所である。この図の左側の堀で囲まれた大きな区画の尽きるところまで祐清は下馬して通り、そこを過ぎてから馬に乗ったのだ。祐清は「下馬」すべき場所では、ちゃんと「下馬」をしていた。それなのに、谷内方の者たちが不当にも咎めだてをして、祐清を討つ口実にしたのだ。差図の注記は、その点を強調することによって、谷内方の「下馬とがめ」がいかに不当なものだったかを示そうとしている。

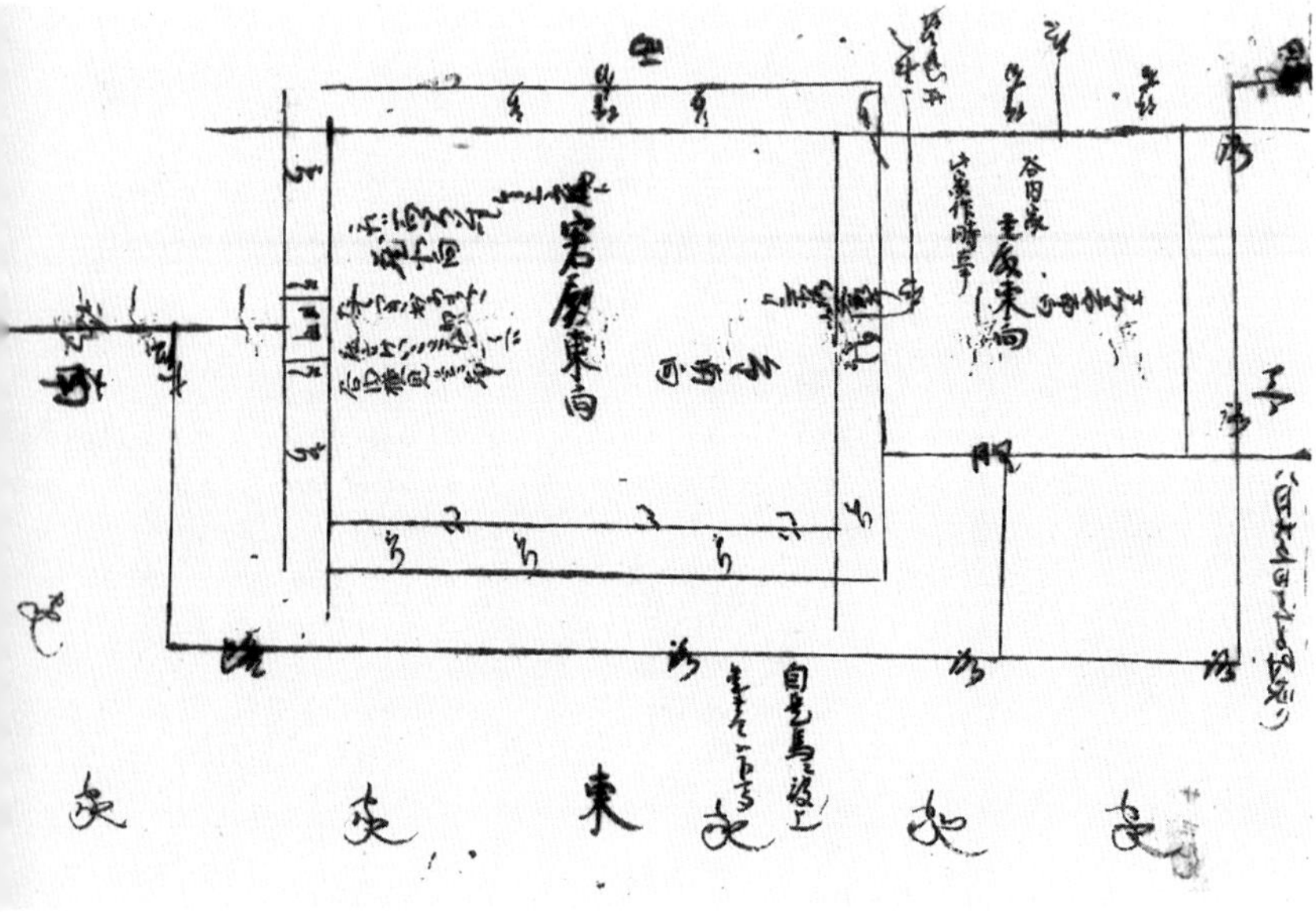

図12　新見庄地頭方百姓谷内家差図（サ函399）

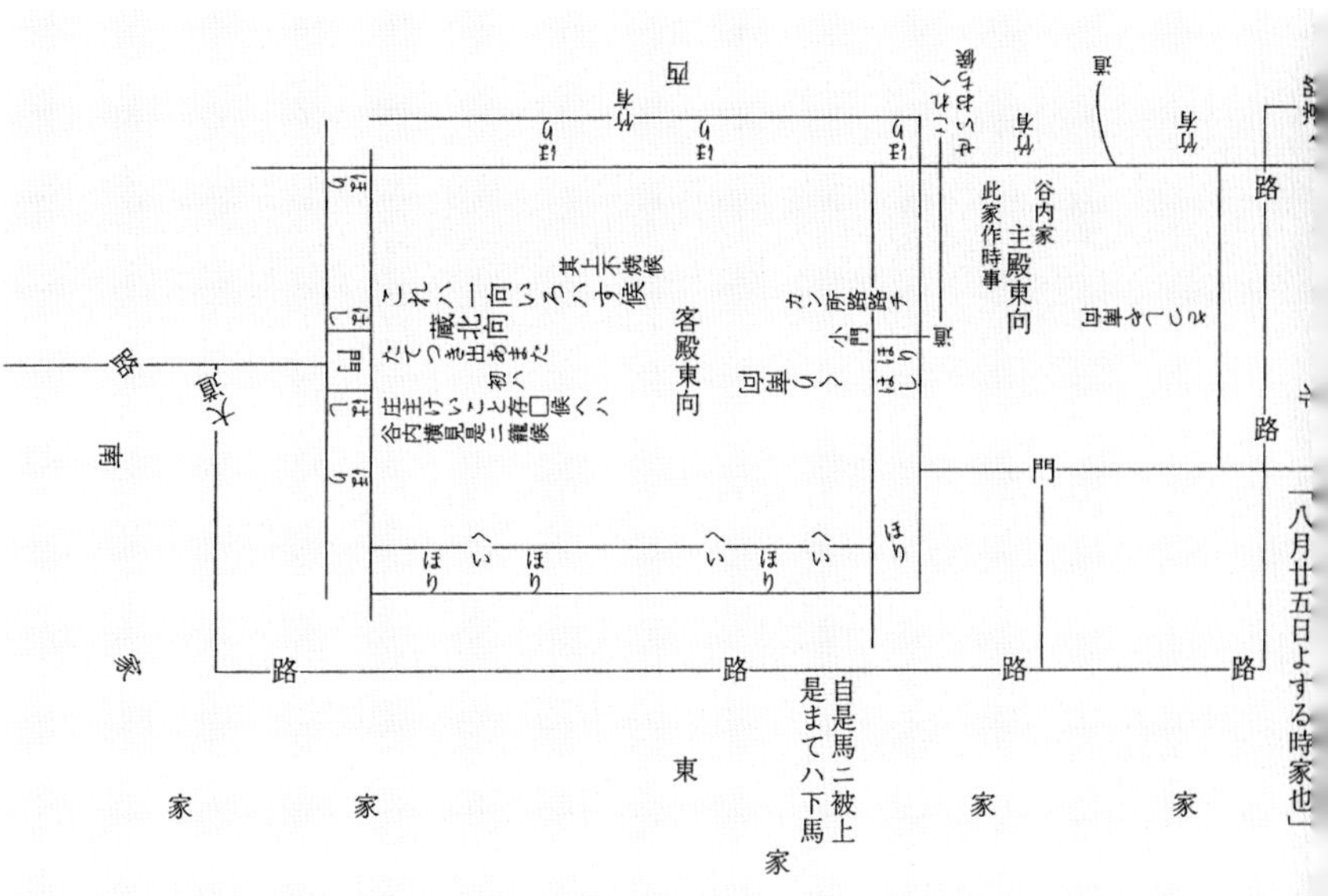

図13　同図（『岡山県史　家わけ史料』608）

たて、つき出し

堀で囲まれた空間に書き込まれた注記にも、領家方の三職《さんしき》や百姓等の主張が貫かれている。正面の門のそばに、「たて《（楯）》つき出、あまた《（数多）》」「初ハ、庄主けいこ《（警庫）》と存□候へハ」「谷内横見是ニ籠候」と記されている。先の本位田家盛注進状（ツ函二六二）にあった、

楯を突き出して、まるで招きかけているようだったので、さては、「てき人《（敵）》」が籠もっているに違いないと思って、押し寄せました。

という主張とぴったり一致する。「どうして、かたきが籠もってもいない政所屋に、自分たちが攻めかかったりするでしょうか」と、自分たちの行為は明白な理由のある正当なものだと主張するために、この差図を作り、詳しい注記を書き込んだのだ。

地頭方政所屋は、どこにあったのか？

ここまで見てきて明らかなように、領家方の三職百姓等が大勢で押し寄せ、それを焼き討ちしてしまった地頭方政所屋は、谷内の家のすぐ隣の、堀で囲まれた大きな空間にあったのだった。

庄官などをつとめる有力な百姓の家に、領主支配の拠点である政所《まんどころ》が置かれるのはよくあることだった。南北朝期の矢野庄でも田所本位田の家に庄政所があったことがわかっている。この差図では、地頭方政所屋は谷内の家よりもはるかに大きな空間を占めている。しかし、あくまでもそれは「客殿」であって、「主殿」は谷内の家である。堀で囲まれた大きな空

間と、その横の百姓の家とを並べてみると、一見、主客が逆転しているように見える。しかし、「主殿」と「客殿」との関係は、なお維持されている。これは、「公」の象徴である政所が、百姓「私」宅にあることの意味や両者の関係性をよく物語っている。上からの領主支配と在地側の結集軸とが互いに密接にからまりあうことによって、庄園の支配は遂行されていったのである。

勢遣、野陣、弔い

陣を取る、勢遣つかまつる

地頭方政所《まんどころ》屋を焼いたあと、次に彼らは
③そのまま、そこに陣を取ったが、向かうべき敵もいないのでまずは引き退いた。

と述べている。谷内の家に押し寄せたのが酉の時（午後六時頃）、そこを焼き払い、さらに横見の家に取りかかった。そのあと政所屋に討ち入って捜索し、もぬけの殻だとわかって焼き払ったのだから、おそらくここに陣取ったのは日がすっかり落ちた頃、そこを引き退いたのはもっと夜が更けてからだったに違いない。

ところで、三職《さんしき》や百姓等は、自らの動きを、「寄せる」とか「陣を取る」とか、まるで軍勢の動きを示すようなことばを用いて表現している。祐清殺害の連絡を受けると短時間のあいだに、彼らは互いに連絡しあい、具足を付け、武器を持って集結した。それは、まさしく軍勢であった。次の④の段階で、他行していた地頭方代官の庄主が、新見庄《にいみのしょう》のすぐ近くの石蟹郷新屋垣内にいると聞き、科人《とがにん》を生涯させるよう直談判するために、「翌廿六日ニ、勢遣つかまつり候」と、やはり武装したまま大勢で押し寄せた。「勢遣《せいづかい》」（勢使）とは、その文字のあらわすとおり、武装勢力を遣わすこと、武装して動くこと、を意味する。三職と百姓等は昨日からの陣の態勢を解くことなく、一夜を明かし、そのまま、新見庄のすぐ南隣にある石蟹郷へと押し寄せて行った。おそらく新見庄地頭方代官である庄主は、この石蟹郷の代官も兼務していて、その職務を果たすためここに逗留していたのだろう。

領家方の三職・百姓等は、もしも科人への成敗がおこなわれないようなら、「庄主にしやうかい（生涯）させ申すべし」と皆で談合して押し寄せたという。「生涯」には、「一生のあいだ」とか「命のあるあいだ」という意味の他に、「自ら死ぬこと＝自害」や「制裁として殺すこと」の意味がある。ここでは、「庄主に自害させ申す」ために発向していったわけである。これには、さすがに庄主も身の危険を感じたのか、守護方の勢力に救援を求めた。到着した三職と百姓等の前に、守護被官の西尾方と河合方が姿を見せ、庄主と協力して必ず科人を成敗すると堅く約束したので、三職・百姓等はその勢を引いた。

二、三日は野陣

このとき、三職と百姓等が武装して結集していた時間は長かった。本位田家盛の記すところ（サ函一一五）によると、殺された祐清をどのように弔ったのか、祐清が暮らしていた領家方政所の武具や道具類はどうなっているのかなどについて、家盛が三職に尋ねたとき、

> 三職方や地下人《じげにん》等は地頭方へ「勢遣」しており、二、三日も「のちん《野陣》」だったものですから、領家方政所家のことも、祐清の「そのきわ《際》」のことも、詳しくは知りません。

と答えている。「野陣」と同じようなことばに、「野寄合」というのがある。非常事態が起こって緊急に集まらなければならないとき、郷々村々から地下人等が武装して集まってくることを「野寄合」と言う。「野」と言うように、それは野外での寄合だった。

ここで三職が「二、三日ハのちんにて候しほとに」と言うように、その態勢は長く維持された。祐清殺害を伝える三職注進状《ちゅうしんじょう》の日付は八月二十七日である。それまで「二、三日は野陣」だったため、三職は注進状を書くことができなかったのだ。

福本方の兄弟

「野陣」が続くあいだ、領家方政所で留守を守り、祐清の「そのきわ《際》のこと」を見届け、祐清を弔うために善成寺の僧侶を頼んで供養してもらい、さらに政所に常備されていた武具や道具類、祐清の所持品などを整理したのは、「福本方之きやうたい《兄弟》」である。詳細を問い尋ね調べた結果は、十月二十三日の本位田家盛幷三職連署《れんしょ》注進状（サ函一一

六）に、

・祐清の物で、京都へ進上申し上げる物
・御政所に留め置く物
・御倉にある物
・祐清が地頭方で殺害された際に、取られてしまった物

などと箇条書きにしてまとめられている。

このとき、「福本方の兄弟」は本位田家盛に向かって、

祐清の所持品のうち、「そのきわ《（際）》」に奔走して供養してくれた僧に少々のものを渡しました。後の弔いの費用にも充てました。あとに少し残ったものを、これまで祐清と慣れ親しんできたので、その形見としていただけないでしょうか。

と願い出た。本位田家盛は、自分の一存では決められないので、東寺《とうじ》に直接「詫び言」をするようにと返事をした。

たまかき書状

この「福本方の兄弟」が直接東寺に申し入れた「詫び言」が、次の書状（図14）である。

中世の百姓の女が書いた手紙は、そうそうあるものではない。中世の在地社会では文字を書く能力や識字率はどんなだったのか、その中で女はどうだったのか、どういう字を書いたのか、こ

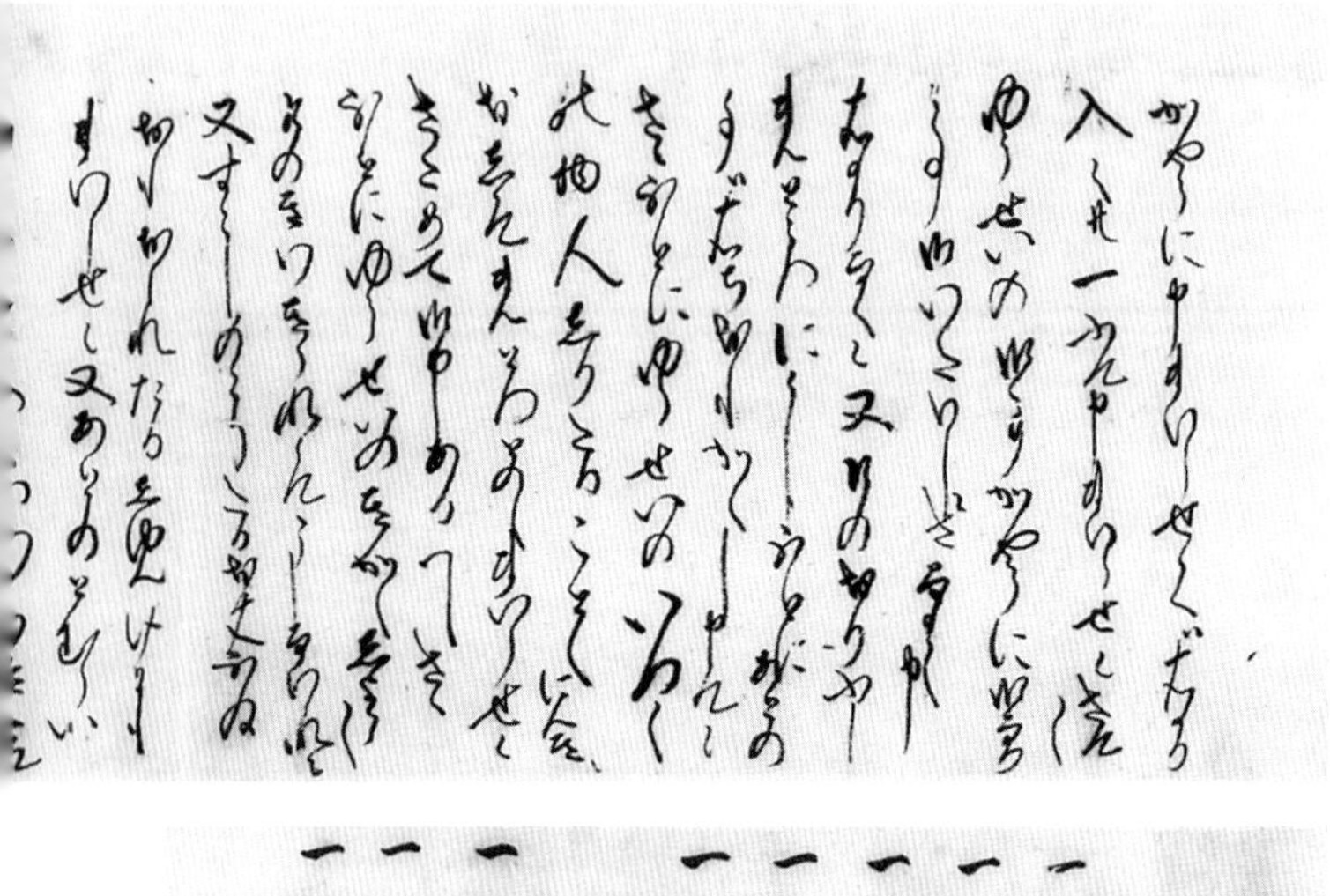

図14　たまかき書状（ゆ函84）

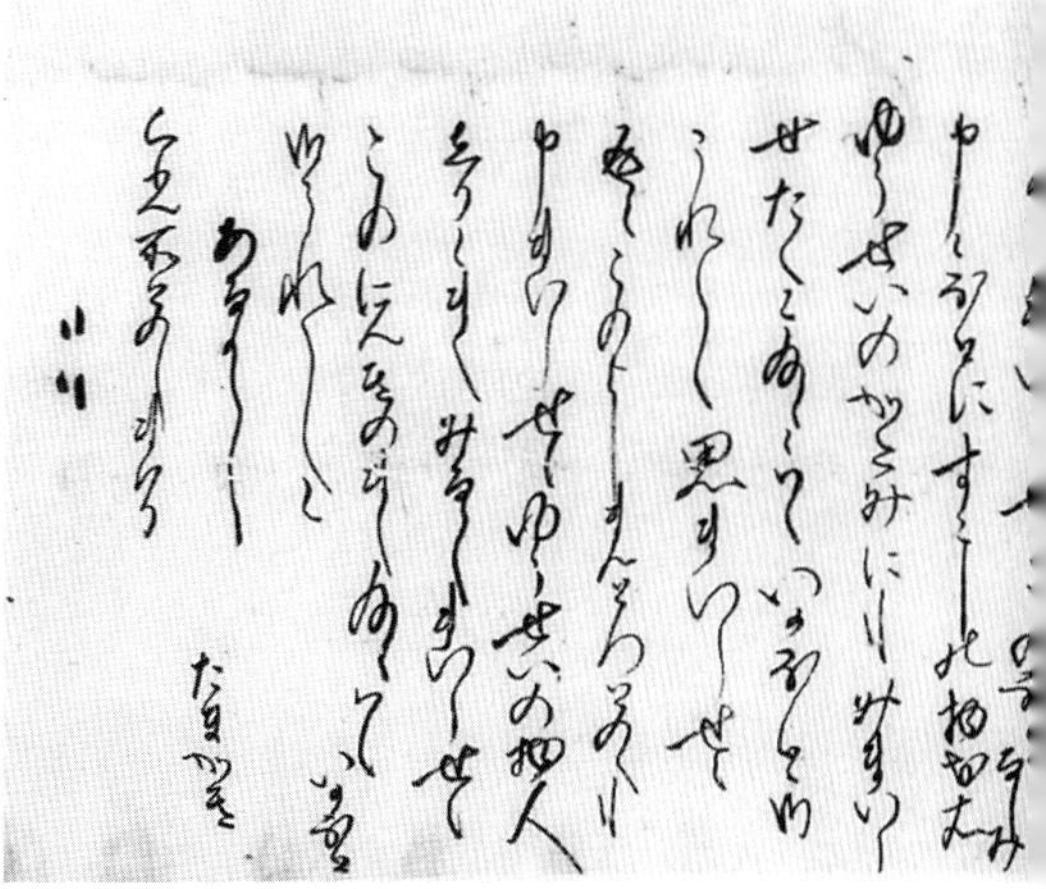

れは本当に彼女自身が書いたのかなど、じつにさまざま関心からこの書状は注目を集めてきた。

　このように申し入れるのは憚られることなのですが一筆申しまいらせます。さてさて、祐清の御事は、かようなことになってしまわれ、おいたわしく思う気持ちは、なかなかことばにもできません。その折々に、私は政所におりましたので、恥をも顧みず申し上げます。祐清のいろいろなものを日記にして、政所殿（＝上使の本位田家盛）に進上しました。きっと、御注進なされることでしょう。祐清の着替え少々は、切られた折りに失われてしまいました。他に残ったのものは、お骨折りくださった出家に渡しました。後の弔いのためにも使いました。委細は書き上げて申し上げます。ここのところ慣れ親しんできたので、少しのものを祐清の形見として頂戴し、これを偲ぶことができますならば、これほどうれしいことはございません。このことは政所殿にも何度も申し上げております。祐清の所持していたものは、皆も承知しているとおりに、すべて進上いたします。ただ、この日記に書き上げたものだけを頂戴できれば、どれほどうれしいことでしょう。

あなかしく　　　　たまかき

くもん所とのへ　まいる　（礼紙切封）

ゆうせいのいろ〳〵にんき《日記》

一、御足一貫文　　そのきわ、いろ〳〵ニつかい候、
一、あおこそて一　　しゆんけ《出家》ニまいらせ候、
一、ぬきてわた一　　同しゆんけニまいらせ候、
一、かたひら一　　同しゆんけニまいらせ候、
一、たゝミのおもて五まい　うり候て、これもあとの事ニつかい候、
このいろ〳〵ハ、かやうにして候、
又、これハ、わひ事申まいらせ候、
一、しろいこそて一
一、つむきのおもて一
一、ぬのこ一

これ三の事ハ、ゆうせいのかたミにも、みせられ候ハヽ、いかほと御うれしく候、

「はち《恥》をもかくし《隠》申候て候」、ただ三つの品だけを「ゆうせいのかたミ《形見》に」いただきたいと申し入れたこの書状には、「たまかき」と署名がある。これが「福本方の兄弟」だった。濁点を付けない当時の表記から考えれば、惣追捕使《そうついぶし》福本盛吉の妹の名は「たまがき」ということになるのだろう。

領家方政所は、どこにあったのか？

地頭方政所は、谷内の家の「客殿」だった。では、領家方政所はどこにあったのか。それを考えるヒントがこの書状にある。福本の妹は、「そのおり《折》ふし《節》、まんところ《政所》に候し」「このほと《程》、なしみ《馴染》申し候」と記している。日々の生活圏が近かったからこそ、祐清とたまがきは「なしみ《馴染》申し候」というようなつながりを持てたのではなかったのか。また、三職や百姓等が総出で「野陣」をしていた留守のあいだに、祐清を弔うための手配をし、その所持品を整理し書き上げることができたのは、そこが「たまがき」の家でもあったからではないのか。

これについては、後年の史料になるが、明応元年（一四九二）頃の大和守明重書状（サ函三一二）に、

御政所屋は、福本方の私宅より火が出て、煙が上りました。言語道断の次第でございます。

そろそろ年貢収納の時期になりますのに、このまま放置するわけにはまいりません。寺家（東寺）にも申し入れて下行をいかほどか頂戴し、地下へも萱や木を調達するよう申し付けるつもりです。

とある。福本方の私宅から出た火が、新見庄領家方の政所屋に燃え移り煙が立ちのぼったというのだ。福本方私宅の火事の火が、すぐに政所屋に燃え移るほど、この二つの建物は隣接していた。領家方政所が福本の家に置かれていたことは確かであろう。

敵打と上意

上意として豊岡を成敗

「二」と番号をふられた三職注進状《ちゅうしんじょう》（え函三六）には、注目すべき事実が初めて語られている。それは、年貢未進を重ね、祐清から厳しく催促されていた節岡正分名主豊岡に関するものだった。

重ねて申し上げます。当庄の地下人《じげにん》で節岡正分名主《しょうぶんみょうしゅ》の豊岡という者が、何度も繰り返し未進を重ね緩怠至極ということで、先月に「上意《じょうい》」と仰せられて成敗されました。

と記され、ここで初めて、豊岡高久が先月（七月）に祐清によって成敗されていたことが明らかにされる。このことは、これまで東寺《とうじ》には知らされていなかった。最勝光院《さいしょうこういん》方評定引付《ひきつけ》（け函一四）九月四日条に、

一、節岡正分名主の豊岡という者は、繰り返し何度も年貢の未進緩怠が続き、代官（祐清）

が去る七月に成敗したとの注進があったので、昨日、評定の場で披露した。

とあり、最勝光院方供僧《くそう》等は、三職《さんしき》からの注進状が九月三日の評定の場で披露されて、初めてこの事実を知った。たび重なる年貢未進に加えて、強硬に損免を要求するなど、祐清と鋭く対立していた節岡正分名主豊岡は、七月に直務《じきむ》代官祐清の命令によって殺されていた。

豊岡の親類に頼まれて

この点と関わって、三職たちがとても神経をとがらせていることがあった。三職は同じ注進状で次のように述べている。

> 今度の「下馬《げば》とがめ」を、豊岡の親類に頼まれて討ったのだなどとかこつけて、「敵打《かたきうち》」と主張しているようです。「上意」として御成敗なされたのですから、横見や谷内に非があるのは確かです。「下馬とがめ」をしたのは歴然たることです。

先月に成敗された豊岡の親類に頼まれて、谷内と横見が祐清を殺害したのだ、これは「敵打」だ、という主張がなされていた。地頭方百姓等からそういう声が聞こえてきたのか、あるいは領家方でもそういう話が交わされていたのか、確かなところはわからないが、三職は、「上意」による成敗なのだから、豊岡の親類による「敵打」説は成り立たないとして、やっきになってこれを否定している。

敵打は天下の大法

鎌倉時代の仁治三年（一二四二）、安芸国厳島神社領の庄園で、臨時の小さな法廷が開かれたことがある（「巻子本厳島文書」六八〜七一、『広島県史

古代中世資料編三』)。父を殺された息子たちは、この殺害がいかに不当であるかを訴えて、
　我らの父が、その昔の「親の敵《かたき》」でもなく、また「宿趣の敵」でもないのに、どうしてこのように殺害してしまったのか。

と述べ立てた。これを、逆から見れば、中世前期の在地社会における法意識として、「親の敵」「宿趣の敵」であれば、その殺害は正当なものと見なされていたことになる。

　明応十年(文亀元、一五〇一)最勝光院方評定引付(け函六〇)五月六日条の記事に、東寺近辺の柳原地下人等から、
　茶屋の左衛門三郎が、「親の敵だ」として、五郎三郎という者を殺害した。

との注進があり、衆儀の結果、

　「親の敵打」ということになると、これは重大事だ。処罰すべきか否か、「天下の大法」にわれわれは不案内なので、追って沙汰することにして、まずは柳原の代官に命じて、両人の屋を検符させることにしよう。

と決めた。ここでも、「親敵打」は「天下の大法」とされ、軽々に処罰するわけにはいかないものだと認識されている。

　ただ、「敵打」「敵討」が認められるのは、社会的に同等の地位にある者同士のあいだであって、たとえば領主と領民あるいは主従などの上下関係にある者には適用されない。三職が強調するの

はこの点で、豊岡は「上意」による成敗で殺されたのだから、「敵打」にかこつけて谷内や横見の行為を正当化することはできないという。「敵打」は「天下の大法」として広く認識され、社会的にも大きな影響力を持つ法だったので、三職はなんとしてもそれを否定する必要があったのである。

報復と検断

祐清が殺されると、領家方の三職と百姓等は、二、三日にも及ぶ「野陣《のじん》」で、地頭方へ「発向」「勢遣」「家を焼く」などの動きを繰り広げた。東寺の方では、国において、三職以下が種々の沙汰をおこなった以上、京都の方で重ねて兎角の沙汰には及ぶまい。

と直務代官祐清の殺害事件に京都の方で関与することはなかった。三職以下がおこなった「種々の沙汰」が、事件に対する正当な「検断」行為だと判断していたからである。この頃の「検断」は、今の私たちが警察権や裁判権の行使として考えるような厳格な合理性を持ったものではなく、事件に関わった当事者が集団で自力救済する行為が当時の「検断」であり、やられた分だけやりかえす「相当の報復」や「家を焼く」ことなどに示されるように、直接的な暴力性と呪術性をおびたものだった。このことを、私たちは忘れてはならない。実際、このときの史料（ツ函二六二）に、

御百姓等は、祐清が生き返られるのではないかとの思いから行動した、

とあって、「野陣」を続ける地下人たちを支えていたのは、自分たちの直務代官である祐清への思いだった。中世社会における「検断」と「報復」と「弔い」の距離は、今の私たちが考えるほどには遠いものでなかった。

地頭方政所屋の再建問題

しかし、領家方と地頭方、双方の百姓等の思惑とはまったく別のところで、事態は意外な方向に動き始めていた。

季瓊真蘂からの抗議

今日のように瞬時に情報が伝わるのとは違って、それぞれの情報が伝わるまでタイムラグがある。その時間差が、いなかと京都の微妙な動きの差につながる。

九月六日付の東寺書下《とうじかきくだし》を持って本位田家盛が新見庄《にいみのしょう》に向かったすぐあと、九月十三日に相国寺から二人の使者が東寺にやってきた。最勝光院《さいしょうこういん》方評定引付《ひきつけ》（け函一四）は、使者の申し入れてきた内容を次のように記している。

去月二十五日、禅仏寺領内の谷内のところで、そちらの代官が主従ともども殺害された、地《じ》下《げ》では即刻「発向」し、谷内の家を焼き払い、返しざまに地頭方政所《まんどころ》に押し寄せ、家財雑具を奪い取ったうえ、これを焼き払ってしまった。厳しくこれを糾明するには及ばないが、取り散らかした雑具は返してもらいたい。

最初のこの時点では、猛烈な抗議という雰囲気でもなく、東寺としては使者と意を尽くして問答し、後で雑掌《ざっしょう》を送って返事をすることにした。

しかし、この抗議は相国寺の蔭凉軒《いんりょうけん》主という重職にあり、幕政にも大きな力をふるっていた季瓊真蘂《きけいしんずい》からのものだった。このとき、新見庄地頭方の領主は京都七条柳原にあった禅仏寺で、この寺を創建したのが季瓊真蘂だという関係から、地頭方政所屋焼き討ち問題に関与してきたのである。

公方足利義政の上意

当初、東寺の方では、これがとりたてて大きな問題に発展するとは考えていなかった。しかし、十月五日の評定では事態が一変している。その前日の十月四日に室町幕府奉行人飯尾之種から申し入れがあり、

去る八月二十五日、新見庄で、領家方代官が地頭方の者に殺害された。領家方の沙汰人・百姓等は地頭方の政所に押し寄せてきて放火した。このことを蘂西堂様（季瓊真蘂）から公方様（将軍足利義政）に歎き申されたところ、公方様が仰せられるのには、「彼の政所を新造させ、家具などもすべて返弁させせよ。西堂が受け取るのをこの目で見てみたいものだ」とのことである。

図15　いなかと京都の情報交換図（4）
寛正五年（一四六四）

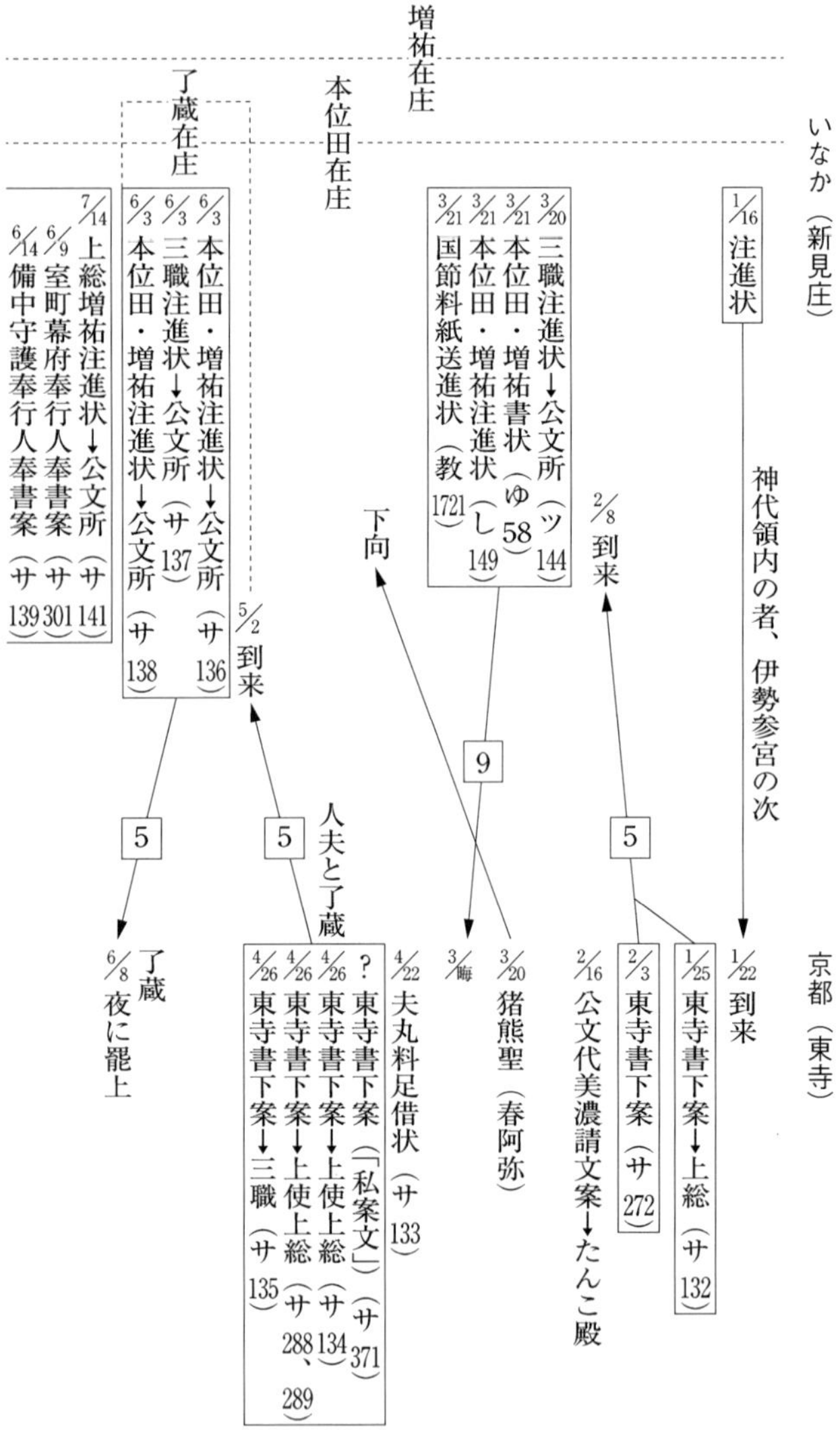

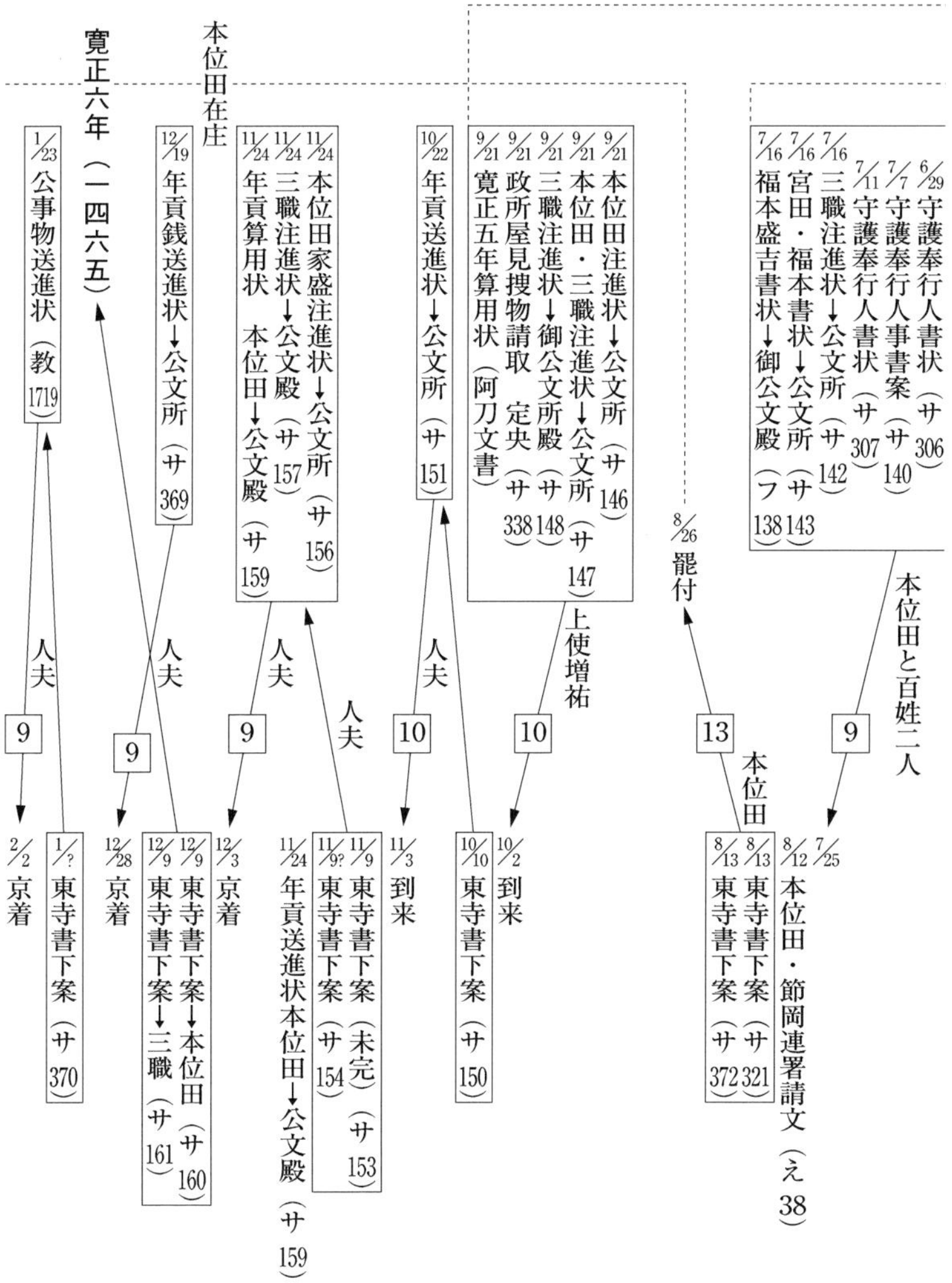
6/29 守護奉行人書状（サ306）
7/7 守護奉行人事書案（サ140）
7/11 守護奉行人書状（サ307）
7/16 三職注進状↓公文所（サ142）
7/16 宮田・福本書状↓公文所（サ143）
7/16 福本盛吉書状↓御公文殿（フ138）
本位田と百姓二人
9
7/25
8/12 本位田・節岡連署請文（え38）
本位田
13
8/13 東寺書下案（サ321）
8/13 東寺書下案（サ372）
8/26 罷付
9/21 本位田注進状↓公文所（サ146）
9/21 本位田・三職注進状↓公文所（サ147）
9/21 三職注進状↓御公文所殿（サ148）
9/21 政所屋見捜物請取　定央（サ338）
9/21 寛正五年算用状（阿刀文書）
上使増祐
10
10/2 到来
10/10 東寺書下案（サ150）
10/22 年貢送進状↓公文所（サ151）
人夫
10
11/3 到来
11/9 東寺書下案（未完）（サ153）
11/9? 東寺書下案（サ154）
人夫
11/24 年貢送進状本位田↓公文殿（サ159）
11/24 本位田家盛注進状↓公文所（サ156）
11/24 三職注進状↓公文殿（サ157）
11/24 年貢算用状　本位田↓公文殿（サ159）
人夫
9
12/3 京着
12/9 東寺書下案↓本位田（サ160）
12/9 東寺書下案↓三職（サ161）
本位田在庄
12/19 年貢銭送進状↓公文所（サ369）
人夫
9
12/28 京着
寛正六年（一四六五）
1/23 公事物送進状（教1719）
人夫
9
2/2 京着
1/? 東寺書下案（サ370）

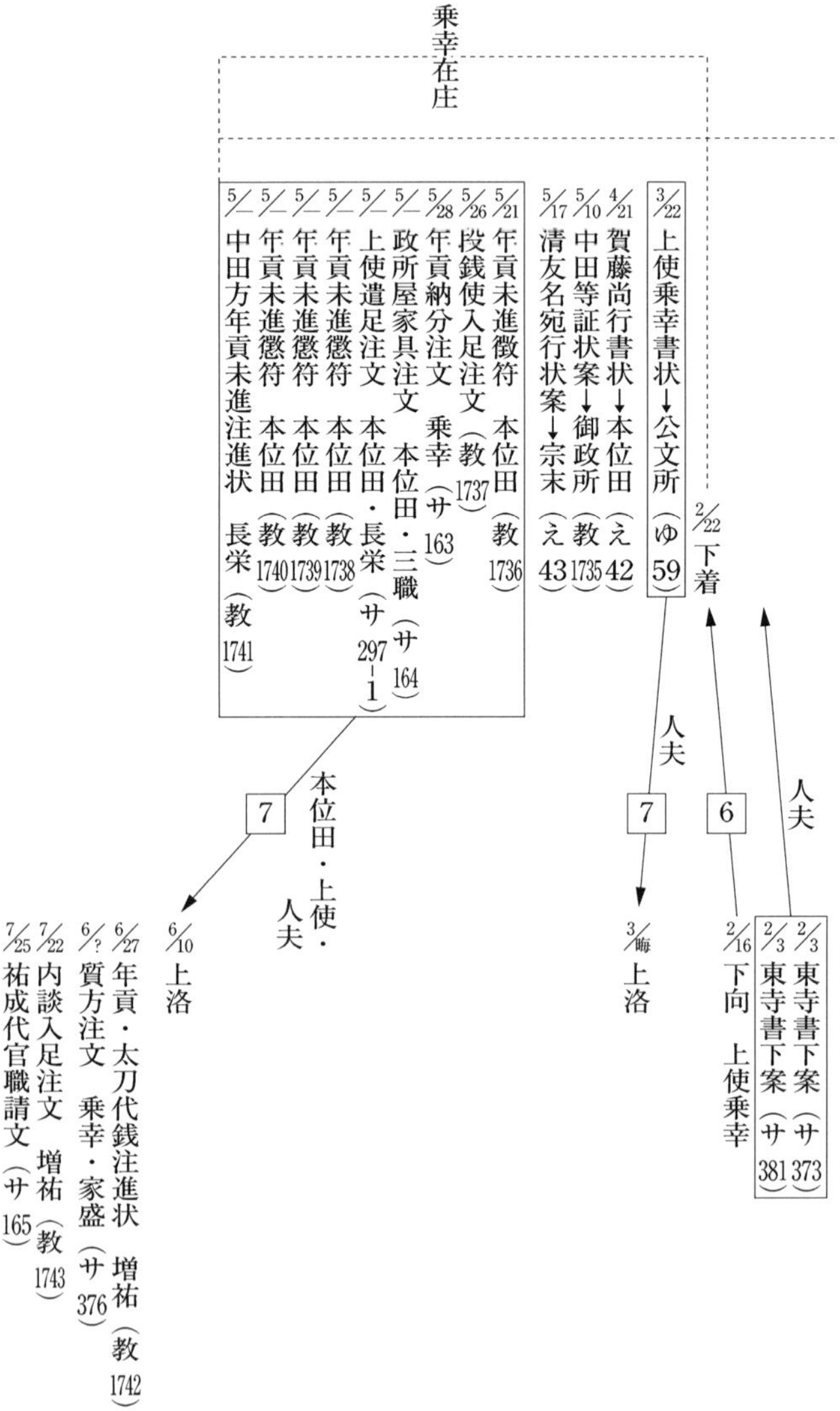
乗幸在庄
2/3 東寺書下案（サ373）
2/3 東寺書下案（サ381）
2/16 下向　上使乗幸
人夫
6
2/22 下着
3/22 上使乗幸書状→公文所（ゆ59）
人夫
7
3/晦 上洛
4/21 賀藤尚行書状→本位田（え42）
5/10 中田等証状案→御政所（教1735）
5/17 清友名宛行状案→宗末（え43）
5/21 年貢未進徴符　本位田（教1736）
5/26 段銭使入足注文（教1737）
5/28 年貢納分注文　乗幸（サ163）
5/— 政所屋家具注文　本位田・三職（サ164）
5/— 上使遣足注文　本位田・長栄（サ297-1）
5/— 年貢未進徴符　本位田（教1738）
5/— 年貢未進徴符　本位田（教1739）
5/— 年貢未進徴符　本位田（教1740）
5/— 中田方年貢未進注進状　長栄（教1741）
本位田・上使・人夫
7
6/10 上洛
6/27 年貢・太刀代銭注進状　増祐（教1742）
6/? 質方注文　乗幸・家盛（サ376）
7/22 内談入足注文　増祐（教1743）
7/25 祐成代官職請文（サ165）

将軍足利義政は、いなかの庄園で起きたこの事件を季瓊真蘂から聞いて、にわかに、地頭方政所屋の新造と家具の返弁を命じ、しかもそれが実行された結果まで「お目に懸けるように」と言い出したのだ。公方が絡んでくる以前には、ただ雑具の返弁だけが求められていた。それが、どういうわけか、ここで将軍義政の「上意」として地頭方政所屋新造問題が急浮上してくる。

驚いた東寺では、先方への詫び言のため、供僧《ぐそう》が禅仏寺の僧と談合することにした。また、東寺と関係の深い土倉《どそう》の吉阿から、その壇那寺に内々事情を尋ねてもらって、相国寺側の意向を正確に把握しようと努めた。その返事は、

すでに、上意《じょうい》として、厳しく仰せ出されたうえは、形ばかりであっても、ともかく政所屋を造り返さないわけにはいきますまい。それを実行しないで、この問題に終止符を打つことはできません。雑具については重ねて詫び言をすれば、承知してもらえるかもしれません。

というものだった。これを受けて、東寺は急いで供僧二人が相国寺雲頂院内雲沢軒に赴き、季瓊真蘂と直接に対面して、「ねんごろな申し入れ、喜ばしいこと」との返事をもらうことができた。そして、十月十日、最勝光院方年預《ねんよ》の堯忠から室町幕府奉行人飯尾之種に宛てて、次のように返事を書き送った。

禅仏寺領新見庄地頭方政所屋以下のこと、（将軍から）仰せ出されたとおりに、その沙汰をいたす所存です。決して、ご命令をないがしろにするようなことはございません。必ず実行

いたしますので、よろしく御披露に預かれますようお願い申し上げますとの衆儀にいたりました。恐々謹言、

十月十日　　　　　　　　堯忠　判

飯尾左衛門大夫殿

東寺の供僧等は「上意」を全面的に受け容れる以外にすべがなかったのである。

季瓊真蘂は十月十一日の日記（『蔭凉軒日録』）に、

禅仏寺領備中国新見庄地頭と領家の喧嘩は、上意として御成敗くださることになり、忝敬の由、

対立の位相

と記している。上意としての御成敗がなされたのは、「地頭と領家の喧嘩」に対してである。もはや問題は、領家方と地頭方の地下人同士の対立などではない。庄園領主支配の象徴である庄政所が焼き討ちされたことによる、地頭方領主禅仏寺と領家方領主東寺との喧嘩、領主同士の対立が主軸にすえられている。百姓の家の焼き討ちだけなら、「上意」としての成敗などありえなかった。

ここに、在地の三職《さんしき》や百姓等が考える対立の位相とは違うレベルへと、問題は急旋回していく。「すでに上意として堅く仰せ出された以上、政所屋を造り返さねば、公事《くじ》は落居しがたい」というわけで、京都においては、「上意」としての介入があった時点で、すでに問題は異なる次元へ

と移っていた。こうなっては、問題への対処は、本位田家盛が一人で担えるものではない。東寺からは、さらに別の上使《じょうし》が下ることになった。

相国寺からも上使が下向

一方、相国寺の方では「上意」の実現をはかるため、さっそく、十月十三日に上使を新見庄地頭方に下した。彼らが領家方に乗り込んできたのが二十三日である。十月二十六日の本位田家盛注進状《ちゅうしんじょう》（ツ函二六二）には、やってきた相国寺上使とのやりとりが書かれている。

上使　地頭方政所を焼かれたと寺家様から公方様に嘆き申したら、「その敵人の家をこそ焼くべきなのに政所屋まで焼いてしまうとは曲事《くせごと》である。そのうえ見探りをするなど、けしからんことだ」ということになり、上意として「急ぎ政所家を造り、見探り物も返付せよ」と東寺に命じられ、東寺から請文《うけぶみ》も召された。だから、すぐにも政所家を造り、見探り物も返すようにしなさい。

——この問題について東寺からまだ何も聞かされておらず、困惑する家盛。三職と相談し、事件のいきさつを相国寺方の上使に詳しく説明する。

家盛　これらは三職として成敗したことであり、見探りをすることなどありえません。京都に注進し、どうすべきか指示があるまで待ってはくれませんか。

上使　すでに京都では、東寺が上意に対して承知した旨の請文も出している。だから早々に政所家を造るようにしなさい。当国の国人で公方様に仕えている多治部氏や守護方の伊達氏などへも奉書が出され、譴責を加えよと命じられているのですから。

将軍による「上意としての御成敗」を後ろ盾に、将軍直参《じきさん》や守護被官などの国人たちも巻き込んだ包囲網がしかれていると主張する相国寺の上使。それに対して、事情がのみこめない本位田家盛は、ただただ猶予を乞う他にすべがなかった。

それでも、本位田はこの注進状の猶々書《なおなおがき》で「上使は、御奉書《ごほうしょ》も寺家様（東寺）の御請文もあると言いながら、自分たちにはそれを見せられませんでした。本当にそれがあるのでしたら、それを持たせて人をこちらに下していただきたい。これは一大事です」と東寺に申し送っている。実際には、もうすでに東寺は公方に対して「承知いたしました」との請文を出していたのだが、まだ本位田も三職・百姓等もこれを知らされていなかったのだ。

末代までの恥辱

相国寺側の要求に対して、領家方御百姓等の意見は明瞭だった。

敵人の横見と谷内を厳しく処罰されたとしても、代官を討たれて嘆かしく思う気持ちは晴れることはない。それなのに政所屋を造り替えろとは口惜しいことかぎりない。自分たちは決して政所屋を造らないぞ。

そう言い切って、日々皆で「寄合《よりあい》」を開き気持ちを一つにした。

たとえ京都でご了承なされても、こちらでは認めるつもりなどない。それでも、どうしてもと言われるなら、皆で逐電《ちくでん》するまでだ。たとえ乞食になろうとも、「御意」には従わない。彼らが、このように激しく拒絶する理由は、

当庄では地頭方と領家方が入り組んでおり、朝にも夕べにも顔を合わせるあいだがらである。それが、このたびのような事件が起こり、こちらから家を焼き払い毀《こぼ》つようなことになった。その「かたき」の政所屋を造り替えることなど、「末代までの恥辱」であり、また「寺家様の名折れ」にもなる。

という点にあった。自検断による正当な行為を間違いだったと認めるようなことは、自分たちにとっては「末代までの恥辱」であり、東寺にとっても不名誉このうえない事態だから、決して了承できないという。百姓等のこの思いは、

地頭方政所屋を新造することは、近所近郷への聞こえもあり、末代までの恥辱で、面目ない次第である。それでも厳しく求められるなら、地下を開くまでだ。

と、これ以後も変わらず堅持されていく。「地下を開く」というのは、「逐電」と同じで、全員で家や田畠を捨て、村や庄を離れて流浪していくことである。「たとえ乞食になっても」とあるように、まさに捨て身の覚悟で、百姓等は拒否の姿勢を貫こうとした。

自分たちがおこなった自検断と報復の行動は、正当なものであり正しい行為だった。それなのに、自らが火を放った政所屋を作り替えることは、それらの行為が誤りだったことを認めること

になる。これは、地頭方百姓等や近所近郷の者たちへの聞こえといい、子々孫々、末代にいたるまでの大きな恥辱である。だから、この要求を飲むわけにはいかない。ここでも、「末代」への責務が彼らの行動を支える大きな力になっている。

上使増祐の奔走

相国寺の上使が乗り込んできたのが十月二十三日で、それを知らせる本位田家盛や三職の注進状（ツ函二六二・サ函一一九）の書かれたのが二十六日（京着は十一月三日）だった。それと行き違うように、東寺から上使の増祐と祐深が十一月四日に庄家に到着した。増祐は、この年の六月十二日に新たに最勝光院方公文《くもん》に任命されたばかりで（け函一四）、公文所の寺官たちの中で惣公文とともに最勝光院方庄園を中軸として担う立場にあった。このとき、増祐は東寺雑掌の役目にも就いていたのだが、京都でのその任務をおいて、急ぎ新見庄に下向した。「上意の御沙汰」によって急展開したこの問題の解決は、新たに最勝光院方公文の任についた増祐の肩に託されたのである。

百姓等の主張は相変わらず強硬なもので、すぐには了承を得られなかった。しかし、対応が遅れては「公方様への聞こえ」もよろしくないと判断した増祐と祐深の二人は、下向してすぐ十一月六日に、庄主と相国寺の上使に対して政所屋の再建を確約するため、地頭方へ出向いた。しかし、庄主は聖長院領宮河内という在所に収納のため出かけていて留守だったので、翌七日に出直すことにした。増祐と祐深は、御百姓中を、何とか懸命になだめて、無事に事が運ぶように努力しております。三職たちに対して、「これは、上意によるものなのだから、更々、三職や地下人の恥辱ではないのだぞ」と申しました。

と東寺に注進してきた（サ函一二〇）。政所屋再建は「上意の御沙汰」によるものである。「三職と地下人等の沙汰」が間違いだったわけではなく、これは地頭方や近隣諸郷の百姓のレベルを越えた、ずっと上層の意向であり、だから彼らの恥辱になるわけではない。強硬な態度を変えない百姓等に対して、そのように増祐は説得した。

政所屋指図と失物注文

十一月九日、「今日は吉日だから」と地頭方から連絡があり、増祐と祐深の二人は柱を二本持参し、地頭方の上使とともに、「柱立」の儀礼を取りおこなった。実際の作事について増祐と祐深の二人はいろいろと思案をめぐらしたが、十一月二十一日になっても、「御百姓中」からは何の返事もなかった（サ函一二二）。

さらに、地頭方の上使と代官から、

政所屋指図《さしず》二間分と失物注文巻物一

が届けられた。増祐と祐深はこれらをすぐに東寺に進上した。

この「政所屋指図二間分」をめぐっては、高橋敏子氏が「東寺百合文書《とうじひゃくごうもんじょ》」中の指図を博捜して、これまで「某屋敷客殿・台所指図」（カ函二七〇・二七一）とされてきた図が、新見庄地頭方政所屋客殿と台所の二間分の指図であることを明らかにされた。この指図のとおりに政所屋客殿を新造するとなると百貫文もの費用がかかるとして、三職や百姓等が難色を示したように、この指図はもともとあった建物よりもひとまわり大きな規模のものであった。実際には、この指図どおりの大きな建物は建てられなかったのだが、「季瓊真蘂側から示された設計図は、禅院領政所の標準型あるいは理想型を示したものであろう。領家方東寺の弱みに乗じた要求であったのかもしれない」と高橋氏は指摘している。

加えて百姓等の気持ちを逆撫でしたのが、同時に届いた「失物注文《うせものちゅうもん》」一巻（サ函一一三）であった。ここには、

新見庄地頭方政所見捜《みさぐり》物《もつ》色々の事、　寛正四年八月二十五日

と書かれており、「失物」が単になくなった物（紛失物）ではなく、盗まれた物という意味であることがわかる。この「失物注文」には、大・中・小の皮子や大唐櫃《おおからびつ》や小葛籠《こつづら》などに入っていたという衣類や筆記具、また式条本・庭訓往来《ていきんおうらい》・字尽《じづくし》などの書物、さらに食器類、煮炊き用具、農具や大工道具、鏡、馬の鞍《くら》や鐙《あぶみ》や沓《くつ》、雨傘、剃刀、畳・藁筵《わらむしろ》や屏風、味噌・米・麦・大豆などの食品にいたるまで、じつに百を超える物品が書き並べられていた。これらはすべて、事件当日の八月二十五日に、政所屋に乱入した領家方地下人らが「見捜り」をした、つまり騒動の最中に盗み取っていったものだというのである。

失物注文の応酬

東寺は、上使の増祐と祐深に宛てて次のような命令（サ函一二五）を出した。

これらの雑具について厳しく糺明し、探し出せた物はすぐに渡すようにせよ。それ以外に、焼失してしまったり、地下人たちが存知しない物については、その分を起請《きしょう》文《もん》をもって注進せよ。それをもって、公方様の方に詫び言を申し上げるから。

これを聞いた三職は、

向こうから失物などと申されるが、こちらでは、まったく取り散らかしたりしておりません。われわれがきちんと統制を取って行動したので、公方の物が入っている御倉などには火をかけませんでしたし、ましてや、そこに踏み入ったり取り散らかしたりしたことはありません。

と強く抗弁し（サ函一二七）、百姓等もまた、

白昼に火を懸けて焼いたのですから、何を取り散らかしたりできるものでしょうか。言語道断の次第です。そのうえ起請文を書くなど、まったく思いも寄らないことです。家を造り直してお返しするのさえ、末代まで口惜しいことなのに、そのうえ、また、このようなことを命じられるなんて、以後どのようにして地頭方の人に顔を向けることができましょうか。

と述べ（サ函一三〇）、むしろ「失物注文」を出すのはこちらの方だとして、次のような注文（サ函一二八）を増祐・祐深の両上使に出している。

（包紙ウワ書）
「うせ（失）物の注文」

祐清失物之注文之事

一、馬一疋　くろ　　一、くら　あふミ共ニ
一、くつわ　　一、名の物　大たち一ふり
一、小太刀　　一、打刀　名物
一、弓一張　　一、うつほ　矢廿
一、刀　名之物　　一、小はかま
以上
同中間之物
一、太刀一ふり　　一、かたな
以上

寛正二二
十二月五日

宮田　家高（花押）
福本　盛吉（花押）
金子　衡氏（花押）

御上使
　御両人御中
　　人々御中

祐清の馬については、事件当日の八月二十五日、押し寄せていった三職や百姓等が地頭方政所につながれているのを見ている。「一向、とうそく（盗賊）にて候や」と思い、政所屋に火を放つきっかけになったもので、このたび増祐が地頭方に出向いて対面して聞いたところによると、八月二十八日に地頭方からこの馬を引いて送り返してきたが、領家方百姓等は受け取らずに突き返したとのことだった。

互いに「失物注文」の応酬という事態になってきた。しかし、三職は、もしかして、われわれの下人たちの中で、これらの物を取ってしまうようなことがあったかもしれません。精一杯に糾明して、失物が見つけ出せれば進上いたします。

と言っており、この問題は、上使の増祐が言うように（ゆ函二八）、

この（失物）のうち、少々は、領家方の地下人たちも取り、また他所からも取り、さらには焼失してしまったものもあるに違いない。

というあたりが本当のところだろう。もともと、「検断」には「得分物」の没収がつきものである。科人を成敗するために大勢で押し寄せた領家方地下人等は混乱する現場で雑具を奪い取った

だろうし、これに乗じて他所から取る者もいたかもしれない。その場で焼失してしまった物もあるし、さらに百以上にもわたる物品の中には、以前から行方不明の物だってあったはずである。後々の史料を見ると、この百を超える失物のうち数点の物と倉の鍵が出てきて地頭方に引き渡された以外、何も見つからなかった。

季瓊真蘂の辣腕

しかし、京都では、季瓊真蘂から東寺に対して強硬な申し入れがあった。十一月十八日の評定で披露されたのは、

急いで地頭方政所屋の失物をすぐさま返し渡すよう命じる折紙を、東寺から現地の上使宛てに書き、それを真蘂の側にもらいたい。それを自分の方から下し遣わすことにするから。

との要請だった。幕府の裁定を記した奉行人奉書などは、それによって有利な立場に立つ当事者側が、それを相手方に付けるのが原則だった。しかし、ここでは、ことは東寺内部の、寺家から現地に下った上使への命令を伝える折紙《おりがみ》である。その折紙を相国寺の真蘂側に渡すなんてとんでもない、というわけで、

寺家として、厳密に申し下すことにいたします。

と雑掌を相国寺に遣わして拒否の返事をした。ところが、翌十九日に、

寺家だけで下知するのは、よろしくない。早々に折紙を左衛門大夫（幕府奉行人飯尾之種）方に提出するように。

と重ねて要求してきた。あくまでも自分のバックには将軍が控えているのだと圧力をかけて、東寺内部の命令系統にまで腕をねじ込んでこようとする。このように公方から厳しく責め仰せられたのではいたし方ないということで、十一月二十四日に東寺は上使増祐に宛てた折紙を、壇那寺を通じて幕府側に渡した（サ函二八八）。さらに、十二月二十一日に供僧二人が「折紙代千疋」を持参し蔭凉軒まで出向いている。将軍との太いパイプを軸にした季瓊真蘂の辣腕ぶりが発揮された一幕である。

地頭方百姓等も総出で屋根葺き

十二月初め、まず「里分御百姓中」が増祐に対面した。しかし、確かに承知したとの返事はない（サ函一二七）。十二月十四日に「高瀬・中奥御百姓中」が初めて出てきたが、

地頭方御公事いか様に御座候哉、御心もとなく候、

などと言うばかりで、そのうえ、

政所屋を造っているときに、もし、地頭方の名主や百姓等が一言でも何か難クセを付けてくるようなことがあれば、その庭で差し違えてやるぞ。

と中間風情の者までが言い出す始末で、その対応に手を焼いた増祐は、雑具などを形ばかり返却して、年明け早々には上洛したいものだと弱音をはいている（ゆ函二八）。

その後、増祐の望みどおりのスピードではなかったが、政所屋新造は着々と進められた（ツ函

一四三・サ函一一二・ツ函一四四・し函一四九）。

十二月二十五日　買得していた地頭方の奈良殿の家を、領家方の三職と地下人たちが出て、一時ばかりのうちに壊《こぼ》ち渡す（解体して運ぶ）。

寛正五年（一四六四）

正月十四日　政所屋本屋の新造につき、相国寺からすべて新しい材木で造るようにと命じられるが、「どうか古屋でご容赦ください」と詫びごとをする。

正月二十八日　地頭方から納所が上洛し、相国寺の意向を尋ねる。

二月十八日　相国寺から返事が到来し、古屋での再建が認められる。

その後、三職と御百姓中に連絡し、「地を引き、作事」を始める。本屋は、もとあった建物の礎石があり、壊ち渡した奈良殿の家では短いところがあったので、それを継ぎ足して、もともとどおりに造り立てた。破風《はふ》・狐戸《きつねど》・面々の垂木《たるき》・木舞《こまい》などは新しい材木で造った。領家方百姓等はことごとく参加した。

三月十七日　屋根葺き。地頭方庄主から命令があって地頭方御百姓等もこれに参加し、両方あわせて三百人を越える地下人たちが力を合わせ、申の刻（午後四時頃）に屋根を葺き終えた。萱は七千束ほども使った。内作は、まだ少し日数はかかるが、一つずつ完成させることにする。

この三月十七日の「屋根葺き」「葺き立て」「葺きおろし」と呼ばれる作事をもって、政所屋本屋は完成した。「内作」はなお時間を要したけれど、これで政所屋はほぼ完成した。このとき、地頭方からも、庄主の命令で多くの百姓等が作事に参加し、領家方と地頭方あわせて三百人を越える人数が集まった。これは対立する双方の地下人等の協調と和睦を象徴するものである。争いと対立のあとには「和与《わよ》」の儀礼が必要で、地頭方の庄主が地頭方百姓等にこの「葺き立て」への参加を命じたのも、この問題への講和、手打ちをお膳立てするものだった。

谷内・横見を地頭方に抱え置く

四月に入ってからは庫裡《くり》（台所）の造立が課題となった（サ函二八八）。本屋も六月になって、本屋の内作のためあつらえておいた板ができあがってこなかったり、地下の大工に差し障りが出たりして完成にはいたっていない。増祐と本位田家盛は、台所にちょうどよい家屋が見つかったということで、地頭方政所屋にそれを届けさせた（サ函一三六）。しかし、台所の再建に領家方百姓等は非協力で、なかなか動こうとしなかった。なぜなら、ここにいたって彼らは大きな疑問と不満を持っていたからである。

前代官を討った横見・谷内両人は地頭方に抱え置かれています。谷内の家は去年十二月にこぼちのけられましたが、もう一人の横見は自分の家にそのままいるのです。この二人に腹を切らせてもらえれば、台所など、すぐにも罷《まか》り出て奉公します。このような者を地頭方に抱え置かれているというのに、なぜ寺家の方ではすぐに公方様に申し入れて正しい御沙汰をしてくださらないのですか。

あの日、三職と百姓等が地頭方庄主のいる石蟹郷新屋垣内まで押し寄せたとき、守護方被官の二人も加わって、「もし科人が帰ってくるようなことがあれば、必ず成敗する」とあれほど堅く約束したのに、庄主は帰ってきた彼らを庄内に住まわせているというのだ。焼き討ちした谷内の家は完全に壊して除けられたが、横見はそのまま自分の家に住んでいる。地頭方では、彼らによる祐清殺害を「敵打《かたきうち》」と認め、罪を問わないことにしたのだろうか。科人が籠もっているとして焼き討ちした政所屋も再建させられ、そのうえ科人たちの処遇もこのようなものなら、自分たちのあのときの行動は、いったい何だったのか。東寺は自分のところの代官が殺害され、その科人が地頭方に抱え置かれているというのに、どうして公方に訴え出て正しい沙汰を求めないのか。三職や百姓等には、こうしたすべてが納得できなかった。

地頭方の内部事情をうかがい知ることはできないが、地頭方代官の庄主は、新見庄地頭方だけでなく他にいくつもの庄園の代官を兼務して収納にあたっていたようで、大事な局面でいつも留守がちだった。事件のあったときに石蟹郷まで「発向」してきた領家方三職と百姓等の前で、谷内と横見の処罰を約束したとはいえ、後日に帰庄した二人の有力百姓を、地頭方地下人たちの了解なしに成敗することなどはできなかった。おそらく、地頭方百姓等はこの事件を「敵打」によるものだと主張しただろう。そのように考えると、庄主の命令で地頭方地下人が三月十七日に

「屋根の葺き立て」に加わったのは、彼らにとって一つの妥協点であったのかもしれない。祐清殺害事件から政所屋再建問題まで一連の動きを経て、相国寺の側でも寛正五年の冬には、庄主による代官支配をやめ、近隣の国人多治部氏に地頭方代官職を契約している（サ函一五六）。

譲位段銭の賦課

寛正五年、全国に課せられた譲《じょう》位《い》段銭《たんせん》の配符が新見庄にも入れられた（サ函三〇六）。後花園天皇から後土御門天皇への譲位である。地頭方も領家方もこの対応に追われることになった。東寺は、京都で交渉して段銭免除の奉書を得る方向で動いたが、在地では、庄内に入部してきた守護使への対応に多くの人手と費用がかかった（サ函一四七）。

守護使、六月二十五日より七月十四日までの入足《いりあし》の事、
一、毎日二百文　朝夕分、入部してきた守護使人数九人　これは御代官（本位田家盛）と三職で一日ずつ負担しました。
（中略）
一、一貫文の太刀一ふり　これは本位田方の太刀です。
一、五百文は三職方で沙汰しました。
以上七貫六百文
何とぞ、この分を御扶持くださいませ。

守護使は、自分たちの出張費用として日別二十貫文などと法外な要求をしましたが、いろい

ろ対策を立ててなだめすかし、食事の世話や雑事を勤め、太刀一振と料足五百文を渡すことで決着し、ようやく七月二十一日に出て行ってくれました。

このように譲位段銭をめぐる対応に追われて、その後は政所屋再建問題についての記事は、ほとんど見られなくなる。そして、この備中北部の地域だけでなく、社会全体がさらに大きな戦乱の時代へと突入していくことになる。

応仁の乱から乱世へ

ジグソーパズルのピース

三月二十一日の注進状をさがせ

新見庄《にいみのしょう》に関する史料の大部分は、『岡山県史　家わけ史料』（一九八六年、岡山県）に翻刻されている。ただ、これは「東寺百合文書《とうじひゃくごうもんじょ》」の函ごとに順に並べられており、時代を追って読み進めるためには、年代順に並べ替える必要がある。さいわい、同じ時期に浅原公章編『備中国新見庄史料編年文書目録』（一九八六年）が刊行されていて、これらを互いに参照しながら文書を並べていくと、ジグソーパズルのだいたいのところはできあがる。ところが、年欠文書で年代比定が難かしいものは年未詳のままにおかれていて、ピースのままで残されている。これらのピースを何とかしてぴったり合う場所に入れ込まなければ、新見庄のジグソーパズルは完成しない。私も、寛正二年（一四六一）から文明三年（一四七一）まで「いなかと京都の情報交換図」を作成し、いくつかのピースをはめ込む作業をしてきた。

その中で、以前には見つけられなかった一つのピースの入る場所を決めることができた。それがわかったのは、『教王護国寺文書』の「一七八二　備中国新見庄年貢割符送進状」と文書名が付けられた次の文書の「包紙」の記載がヒントになった。

（端裏書）
「新見庄送状　応仁元」
送進　上申、御割符之事
　合
一、御割符　弐ツ　是ハ若菜之夫ニ用意仕候、只今上せ申候、代弐拾弐貫文夫ちん共ニ
一、□割符　五ツ　是ハ年内御下候ちかいさいふにて候、　代伍拾五貫文夫ちん共ニ
　以上七ツ進上、恐々謹言、
文正弐　三月廿一日　　宮田帯刀左衛門尉　家高（花押）
　　　　　　　　　　　（福）□本式部尉　盛吉（花押）
　　　　　　　　　　　金子因幡□（守）　衡氏（花押）
進上　新見庄御代官へ
　まいる　人々御中

（包紙ウワ書）

「

宮田帯刀左衛門尉

新見庄より　福本式部尉

金子因幡守

（異筆）『応仁元』

進上　東寺新見庄御代官　家高

山吹中殿人々御中　盛吉

衡氏

（異筆）『新見庄送状等　応仁元　応仁元』」

三月廿八日

融覚　公禅　堯忠　杲覚　堯杲　宗杲　宏清　仁然

この三紙の関係を考えると、二紙目の包紙で一紙目を包んで三職《さんしき》が東寺《とうじ》にいる新見庄代官に送ってきた。年貢銭の割符を七つ進上してきたのである。三紙目は同時期に東寺で書かれた断簡である。一紙目の宛所が「新見庄御代官へ」で、二紙目の包紙の表書きには「東寺新見庄御代官山吹中殿」とある。この時期の新見庄代官は、寛正二年にあの長い長い注進状《ちゅうしんじょう》を書き送った乗観祐成である。彼は東寺境内の「山款」と呼ばれる場所に住んでおり「山吹中殿」と称されていた。

だから、一紙目の宛所と二紙目の包紙表書《おもてがき》はともに祐成を指しているのだが、その表記の差異が気にかかる。さらに、二紙目の包紙に異筆で「応仁元」「新見庄送状等　応仁元」と二つの追記がある点で、「送状等」というからには複数の文書を包んでいたのではないかと思える。三紙目は「最勝光院方評定引付」に出席した供僧《くそう》の名だけが書かれているので、まずは、応仁元年三月二十八日の「引付」記事を見てみなければならない。

応仁元年（一四六七）分の最勝光院《さいしようこういん》方評定引付《ひきつけ》（け函二〇）の三月二十八日条には、

同廿八日

三月二十一日付の三職連署注進状

融覚　公禅　堯忠　杲覚　堯杲　宗杲　宏清　仁然

一、新見庄から割符七つの進納があり、注進状を披露した。そこで、此の割符などの裏付を申し付け、重ねて披露することにする。これを持参した京上夫は、新見庄に下っていく乗観（祐成）と、ちょうど播州の府中で出会ったという。

と記されていて、この日の評定の場に披露されたのは、割符七つを進納した送状（先にあげた史料の一紙目）の他に「注進状」があったことがわかる。

ここまでこぎつければ、あとは年未詳のピースの中から、三月二十一日の日付を持つ三職注進状を探し出すばかりだ。あたってみると、「え函八四」に三月二十一日の三職注進状があった。

図16　いなかと京都の情報交換図（5）

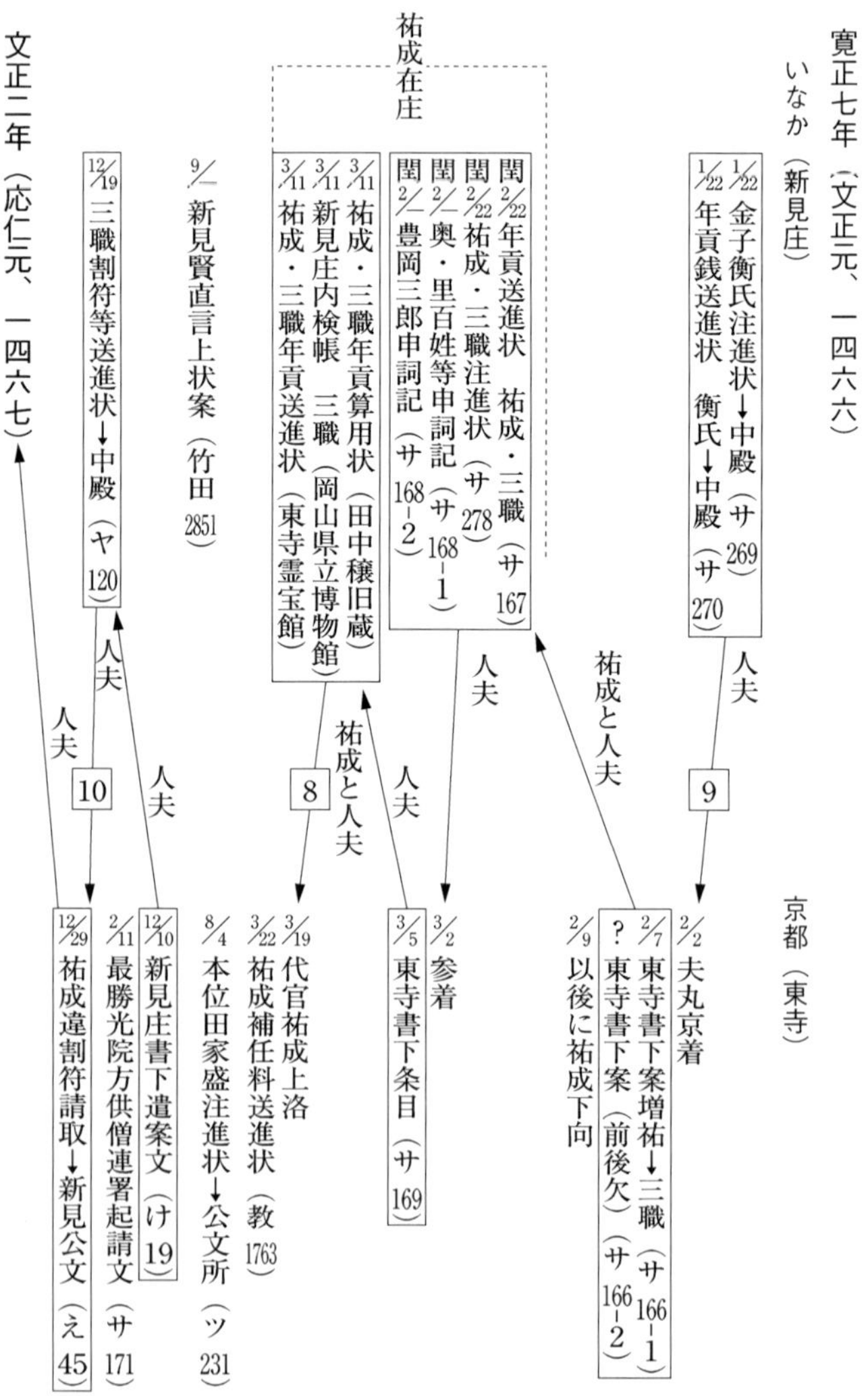

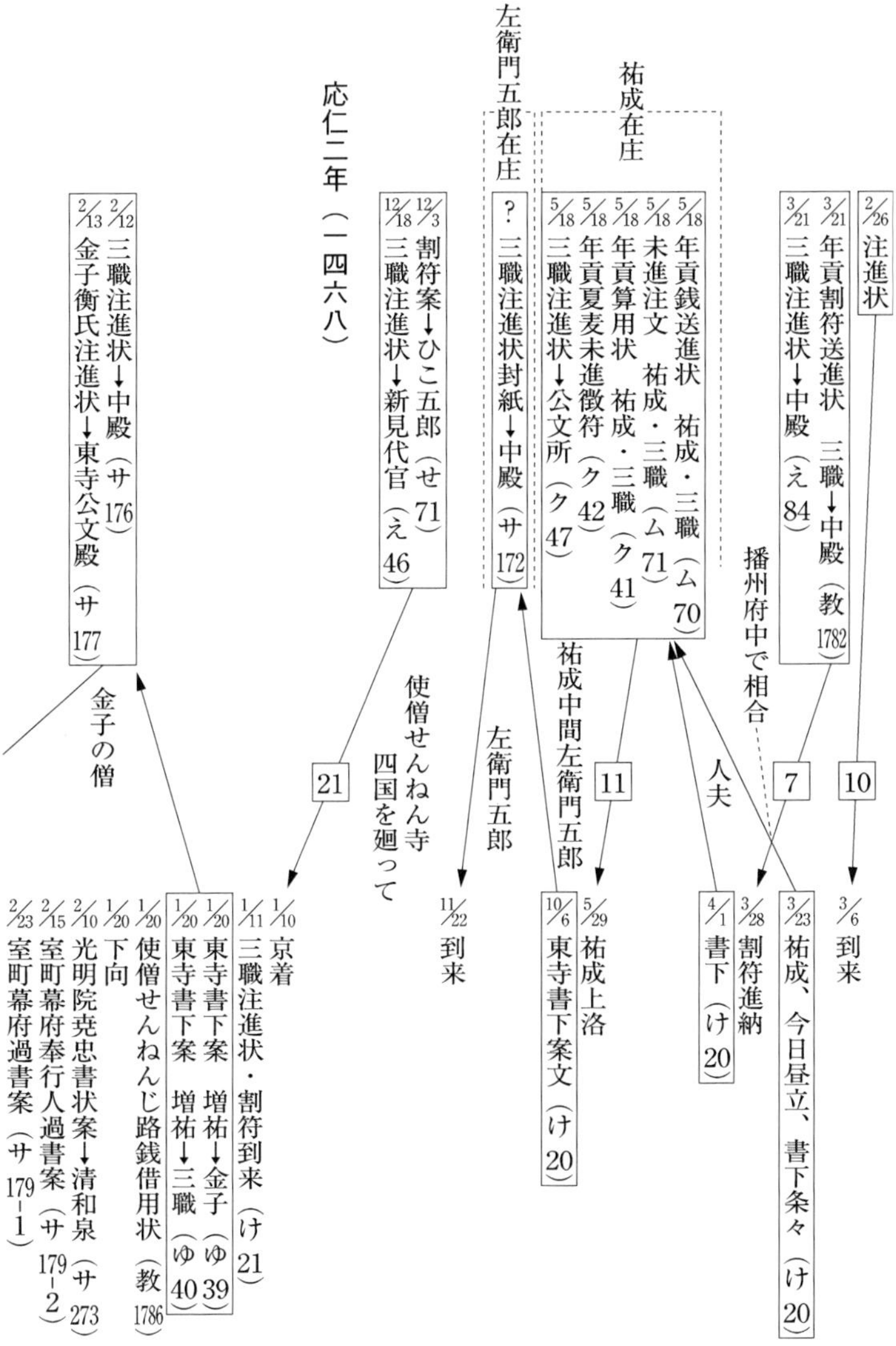

2/26 注進状
3/21 年貢割符送進状　三職→中殿（教1782）
3/21 三職注進状→中殿（え84）
祐成在庄
5/18 年貢銭送進状　祐成・三職（ム70）
5/18 未進注文　祐成・三職（ム71）
5/18 年貢算用状　祐成・三職（ク41）
5/18 年貢夏麦未進徴符（ク42）
5/18 三職注進状→公文所（ク47）
左衛門五郎在庄
? 三職注進状封紙→中殿（サ172）
応仁二年（一四六八）
12/3 割符案→ひこ五郎（せ71）
12/18 三職注進状→新見代官（え46）
2/12 三職注進状→中殿（サ176）
2/13 金子衡氏注進状→東寺公文殿（サ177）
播州府中で相合
10
7
人夫
11
祐成中間左衛門五郎
左衛門五郎
使僧せんねん寺
四国を廻って
21
金子の僧
3/6 到来
3/23 祐成、今日昼立、書下条々（け20）
3/28 割符進納
4/1 書下（け20）
5/29 祐成上洛
10/6 東寺書下案文（け20）
11/22 到来
1/10 京着
1/11 三職注進状・割符到来（け21）
1/20 東寺書下案　増祐→金子（ゆ39）
1/20 東寺書下案　増祐→三職（ゆ40）
1/20 使僧せんねんじ路銭借用状（教1786）
1/20 下向
2/10 光明院尭忠書状案→清和泉（サ273）
2/15 室町幕府奉行人過書案（サ179-2）
2/23 室町幕府過書案（サ179-1）

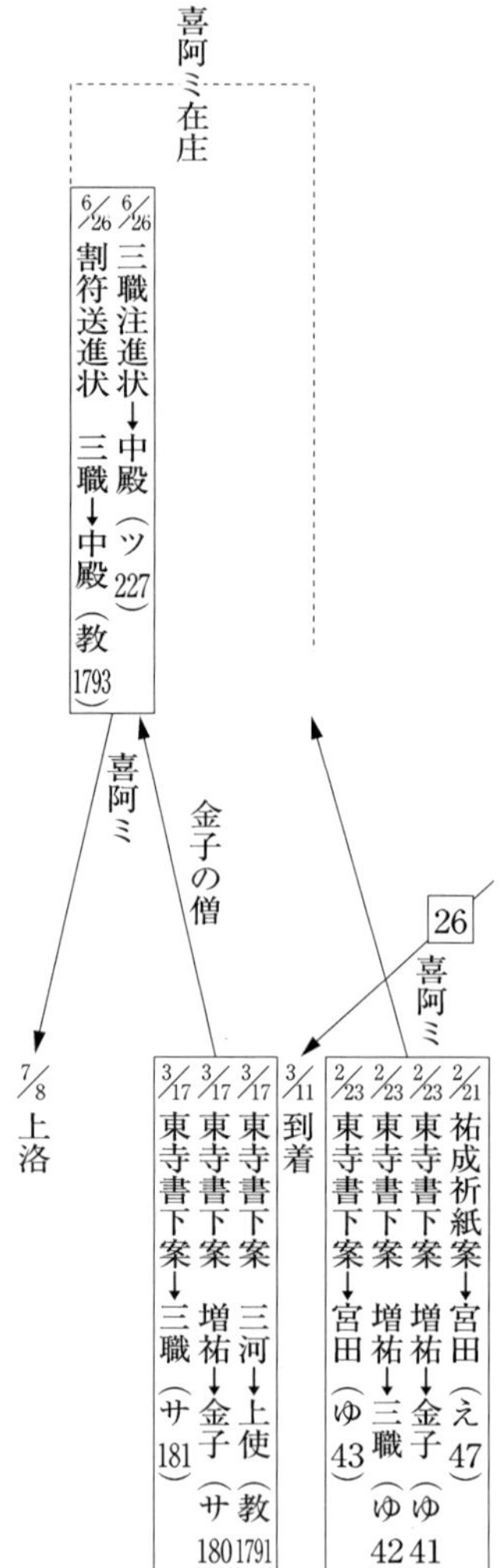

宛所は、

進上　東寺新見庄御代官

山吹中殿　人々御中

と書かれており、先の二紙目の包紙表書の記載と一致する。

新見庄と東寺のあいだで交わされる情報伝達は、寛正七年あたりから急に間隔もあき、回数も減ってきて、なかなか現地の詳しい事情を知ることができない。そのような中で、応仁の乱が起こったた年の三月二十一日に、三職がどのような注進状を書いてよこしたのか、それを知ることができれば、これほどありがたいことはない。

この三職注進状（え函八四）の猶々書《なおなおがき》に、「年内、わきのはまにて、とられ候荷物ハ、」

と記されている。「年内」とは「去年の内に」という意味だから、応仁元年の前年の文正元年（一四六六）に、新見庄から送った荷物を「わきのはま」で取られてしまったというのだ。すると、文正元年分の年貢算用状（ク函四一）の最後に、

脇浜で荷物を取られる

一、紙之事

合十束

京に進上したのだが、十二月廿六日に脇浜で落とされてしまった。

とあり、また文正元年の最勝光院方評定引付（け函一九）十二月二十九日条にも、

一、新見庄の年貢が到来した。割符五、公事紙五束・中折紙三束、ただし、紙については、ことごとく盗人に取られてしまったので到来せず。割符はその被害に遭わなかったが、京都の在所が逐電したとのことで返されてきた。一つだけは相違なしとのことだ。

とあり、新見庄から送られてきた紙が脇浜で盗まれてしまったと書かれている。ここまで符合すれば、このピースが応仁元年に入ることは間違いない。割符も銭に替えるための裏付けをしようとしたが、振り出し元が京都から逐電《ちくでん》してしまって返されてきた。盗人が横行し物が奪われ、人びとが逐電するなど、文正元年暮れの京都は、たいそう世情が不穏だった。

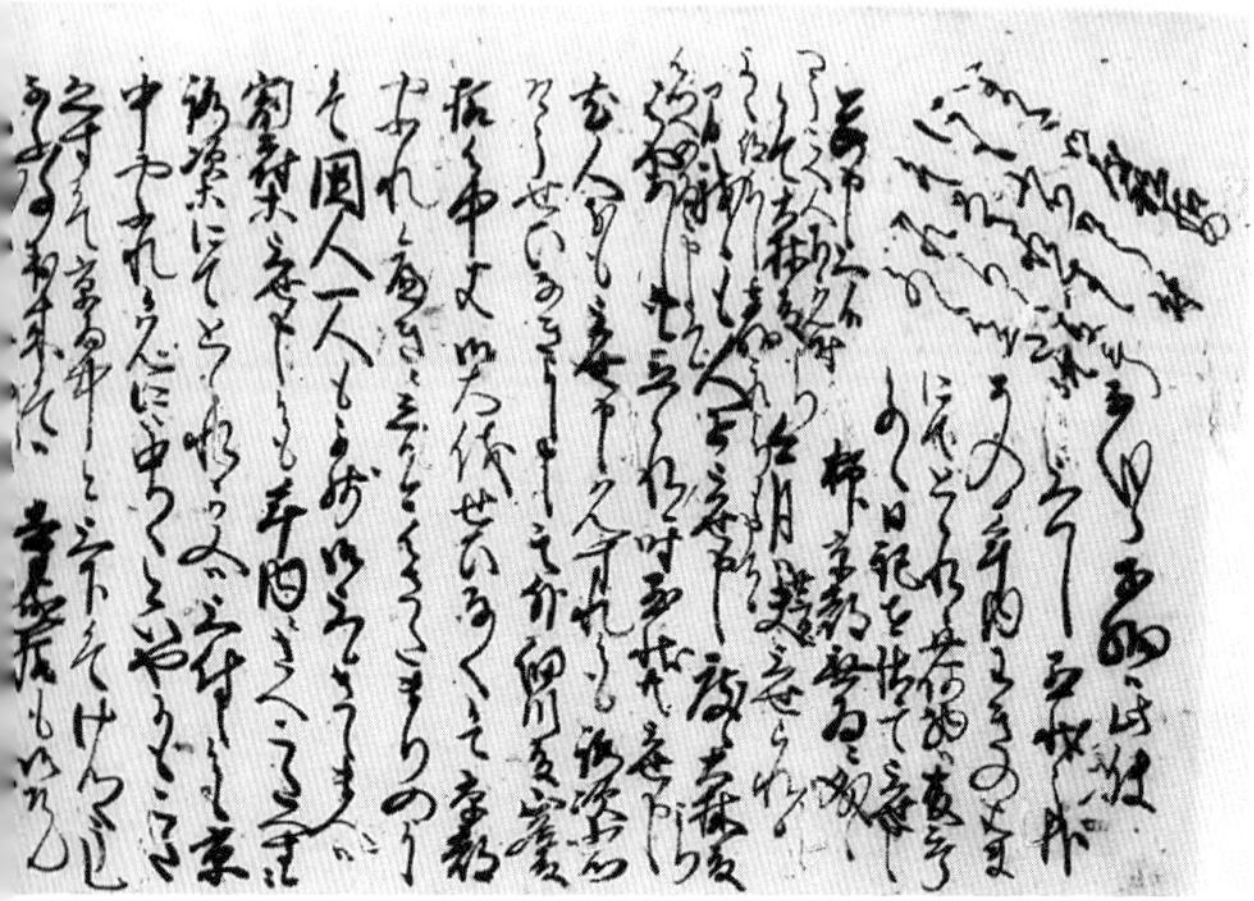

それもそのはず、文正元年九月には文正の政変が起こり、伊勢貞親をはじめとする勢力が京都を追われ、将軍との緊密な関係を軸に地頭方政所屋再建問題で辣腕をふるった季瓊真蘂《きけいしんずい》も失脚する。十二月には畠山義就が山名宗全の要請にこたえて河内から入京し、これは一大事が起こるのではないかと京中は大騒動になっていた。

最初にあげた割符送進状（『教王護国寺文書』一七二八の一紙目）には、「割符二つ」の注記に、

弐つ　是は若菜の夫に用意つかまつり候、
只今上せ申し候、

とある。「若菜」とは、今でも「七草がゆ」の風習が残っているが、春に採れる新菜のことである。これを領主に進上するため新春一月に上る京上《きようじよう》夫《ふ》のことを、特に「若菜の夫」と呼んでいるのだが、この応仁元年の一月には「若菜の夫」を京上させられなかった。そこで、その「若菜の夫」に持たせようとして用意していた割符を、「只今」つまり、この三月の夫で進上

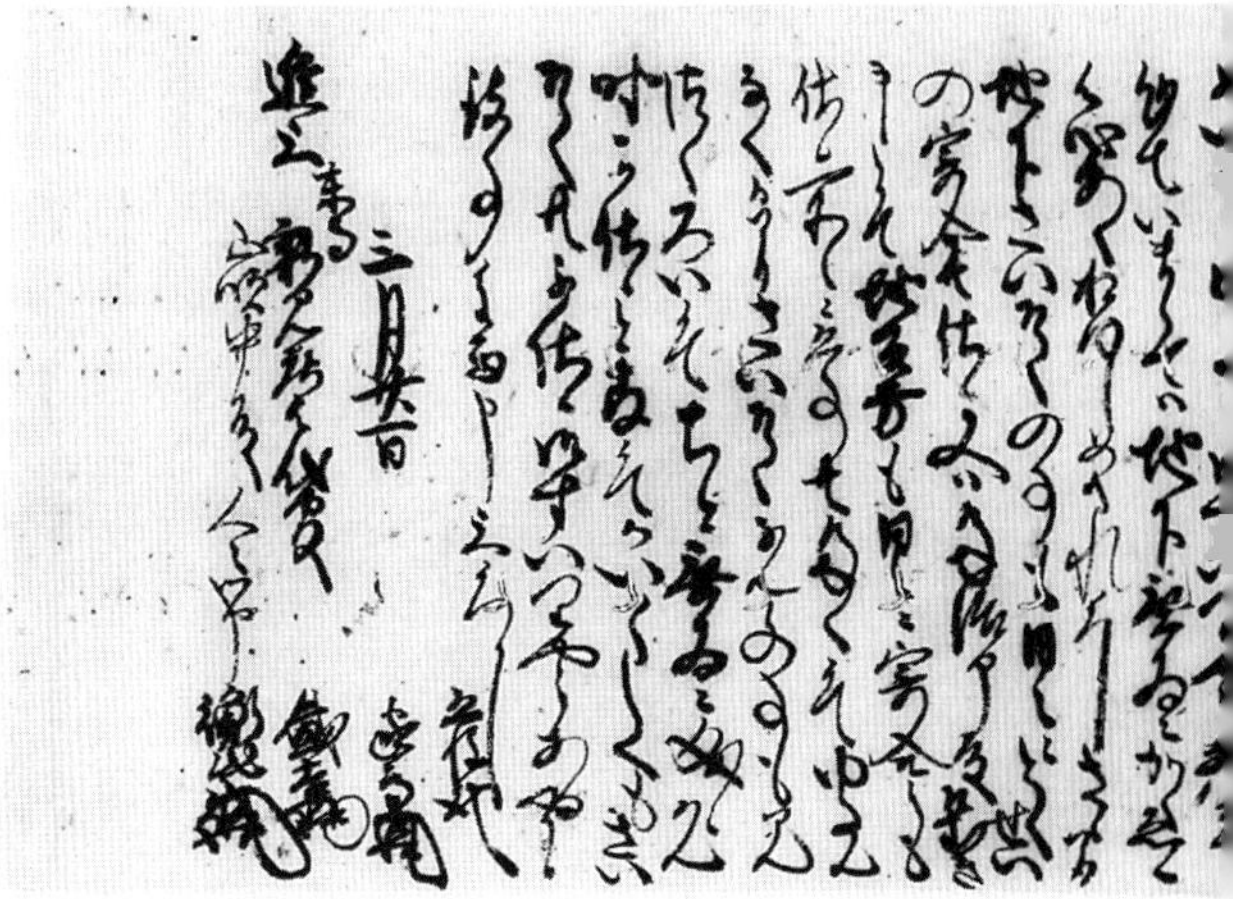

図17　（応仁元年）３月21日　三職連署注進状（え函84）

する旨が注記されている。

さて、このようにして見つけ出した一つのピース、三月二十一日の三職注進状（え函八四）には、

京都、無為になり候とて

畏まって申し上げます。さてさて、京都が無為になったとのことで、大林殿からも今月の二十二日に「夫」を京都に上らせるというので、私たちも、こうして「人」を上らせることにしました。

とある。文正二年（一四六七）一月の両畠山軍による「上御霊社の戦い」の後、細川方・山名方とも多数の軍勢を京都で維持しながらも、双方の戦陣は開かれず、小康状態を保っていた。三月五日には「応仁」と改元され、いっとき、京都は平穏さを取り戻したかに見えた。この平穏な時期をとらえて、国《こく》衙《が》領《りょう》の代官大林方では人夫を京都に上らせるという。それを知って新見庄の三職も、無事に京都に入れる状況になったようだと判断し、使者を立てることにした。実際このときに新見庄から上った京上夫は、割符七つと三職注進状を東寺まで無事に届けることができた。しかも、この割符は七つともすべて裏付けすることができたという。前年末のように「京都の在所逐電」ということもなく、京都の町の人たちも落ち着きを取り戻していたのだろう。

先に見たように、最勝光院方評定引付（け函二〇）によると、この京上夫は、ちょうど播州府中で、新見庄に下向する途中の代官祐成と出会っている。祐成は書下《かきくだし》を持参して京都の東寺を三月二十三日に出立した。この人夫が携帯していた割符送状・三職注進状の宛所は、山吹中殿、つまりこの祐成であったのだが、ここから祐成は新見庄へ、人夫は京都の東寺へと向かった。京都が無為《ぶい》になったこの時期をとらえて、いなかからも京都からも使者たちの往還が復活したのだった。

細川殿様と山名殿様の中が大儀

では、こうした小康状態がおとずれる以前、京都はどのような状況だったのか、この三職注進状（え函八四）には、

細川殿様と山名殿様の御中は、「御大儀ぜひなき由」「京都やぶれ候べきに、しかと御さだまりの由」という事態になりましたので、国人は一人も残らず京都に上って行きました。

と書かれている。「細川殿様」とは東軍方大将の細川勝元、「山名殿様」とは西軍方の大将山名宗

全のことである。この両殿様の仲がとても悪くなり、大事にいたること必至という事態で、「京都が破れてしまうのは、もはや避けられない必然だ」ということで、備中国内の国人たちは一人残らず京都に上っていった。

奈良興福寺大乗院門跡尋尊《じんそん》の日記『大乗院寺社雑事記《だいじょういんじしゃぞうじき》』の二月十一日条では、

京都は大変なことになっている。細川の分国では国人たちを、ことごとく京都に召し上げているが、はたして行く末はどうなるのだろう、

と案じている。大和の古市にいた前大乗院門跡経覚《きょうがく》の日記『経覚私要鈔《きょうがくしようしょう》』二月十三日条にも、

京都では「近日、破るべき」との風聞が広がっている。右京大夫と山名のあいだのことだ。

と記されており、細川方と山名方の両勢力のあいだは一触即発の事態ながら、かろうじて均衡が保たれている。しかし、「近々、破れるに違いない」とのうわさで世間はもちきりだという。

京都に上っていったのは、国人たちだけではなかった。

はやあし共、立てられ候

たびたび、大林殿から「はやあし共」を立てられました。そのとき、愚状なども上せました。こちらから人を上そうと思ったのですが、「路次の物忩、是非なき由」と聞き、やめることにしました。去年暮れに進上した割符も裏付けができなかったのに、今の時期は、道中で取られてしまうか、あるいは京都にたどりつけたとしても、「京中、破れ候か」という危ういときなので、なかなか問屋でも応えてくれなかったりして、京

都といなかを上り下りするうちに、結局は失ってしまうというようなことになっては、寺家様も御損、我らも面目ない次第です。だから、そこのところを、よくよく御推量いただければ幸いでございます。

と三職は、この三月にいたるまで新見庄から京上夫を上せず、年貢銭の割符も進上できなかったわけを説明した。

特にここで注目されるのが、国衙領の現地代官である大林方からは、たびたび「はやあし共」を立て、そのときに三職の注進状なども上せたとしている点である。すぐ前段では、京都が無為になったので大林方から「夫」が上されたから、新見庄からも「人」を上すことにした旨を記し、後段で「人」を上らせたいところだが「路次ふつそう、せひなき」という状況なのでできなかった旨が書かれているので、徳永裕之氏は、ここに出てくる「はやあし」を、通常の京上夫とは違う速い足を持つ「飛脚」だと解釈された。しかし、「路次ふつそう（物忩）、せひ（是非）なき」という状況下に立てられる「はやあし共」は、なんらかの武装をした兵士集団ではなかったかと思われるのである。

「はやあし（疾足）」については、すでに安田次郎氏や石田晴男氏が『碧山日録《へきざんにちろく》』応仁二年十二月三日条の記事など取り上げ、その存在に注目されている。身を軽くして飛ぶように疾走する、まさに、疾走する足を持つから「疾足」と呼ばれたこの異類異形の集団は、「足軽《あしがる》」と呼ばれることがあった。むしろ、「足軽」という呼称の方が、応仁の乱の時期に目立つようになった雑兵《ぞうひよう》たちの呼び名としては一般的である。

「足軽」の供給源として注目されるのが、早島大祐氏も明らかにされているように、京都の下層民や近郊庄園の地下人《じげにん》たちであった。戦乱が始まると、無頼の力自慢の者たちが大将になって近隣の住人らを足軽に徴募する動きがあり、東寺でも、これを制禁するため、寺内の寺官から下部《しもべ》にいたる全員に起《き》請文《しようもん》を書かせて「足軽」に加わるのをやめさせようと努めている（「武内文書」）が、それほどの効果をあげることはできなかった。

たびたび大林方から立てたという「はやあし共」を、こうした「足軽」集団だったと考えれば、応仁の乱が始まる直前、備中国内から国人が一人も残らず京都に上っていった同じ時期に、「疾《はや》足《あし》たち」も細川方の被官たちに引き連れられて数多くが上洛していったことになる。応仁の乱中にあふれかえった足軽集団は、必ずしも、京都とその近郊地域からわき出してきたものたちばかりではなかったのである。

いなかの情報網

それにしても、この三職注進状の内容には、「細川殿・山名殿様御中者、御大儀せひなく候て、京都やふれ（破）候へきニ、しかと御さたまり（定）の由候」「国人一人も不残、御上候」「度々、大林殿より、はやあし（疾足）共、立られ候」「路次ふつそう（物忩）、せひ（是非）なきよし候」と、的確に応仁の乱の時期の社会情勢が語られている。京都から遠く離れた山の中の庄園にいながら、なぜ三職たちはこのような正確な情報を手に入れることができたのか。もちろん、大林方や守護被官などからの情報も彼らの耳に入ってきただろうが、「路地ふつそう」と通路の往来もままならない混乱した状態にあっては、近隣の村々のあいだで結ばれてきた声による情報伝達、在地のネットワークが、その力を最大限に発揮した。それがこの三職注進状に反映されている。

ジグソーパズルのピースが一つだけで発信できる情報量は限られている。しかし、それが、たとえばこのピースのように、応仁元年三月にはめ込めることがわかれば、その情報量は何倍にもふくれあがる。細川殿と山名殿の中が破れるかどうか、その瀬戸際の社会状況を、京都や奈良からの視点ではなく、地方のいなかの目からとらえることができるこの注進状の内容は、応仁の乱のあり方を考えるうえでとても重要なことがらを語っている。

いなかは徳政で大騒動

徳政の寄合

さて、同じこの注進状で三職《さんしき》は、不安的な情勢の中で年貢催促をおこなうことの難かしさについて次のように語っている。

何とか、今までのところは、御領内を無事に維持できております。どうか御安心ください。ただ、地下《じげ》を催促にまわろうにも、日々に「とくせいの寄合」などが開かれ、地頭方でも、多治部殿に背いて毎日「寄合《よりあい》」をしております。あちらこちらで、変事が数多く起こって、一刻も油断することができません。年貢催促のことも、状況をよく見定めて、少しでも世の中が無為無事になりましたら、すぐにも取りかかりたいと思っております。今のような状態では、百姓等は年貢を納めようとはしません。そこのところを、どうか御推量くださいますよう御願い申し上げます。

京都で、細川・山名の両勢力が対立し、それぞれに軍勢を集結させて一触即発の状態にあり、都鄙間の通路往来も困難を極める中で、いなかの地下人らは活発に動いた。戦乱の勃発は在地に徳政状況を生み出す大きな契機になった。地頭方では、寛正六年（一四六五）から代官の多治部氏に損免を求めて逃散《ちょうさん》し、翌文正元年（一四六六）の閏二月になっても帰庄せず（サ函二七八）、応仁元年（一四六七）にも毎日「寄合」を開いて抵抗した。領家方でも連日「徳政の寄合」を開いて活発な動きを繰り広げた。世の中が少しは無為無事《ぶいぶじ》になってくれなければ、年貢催促などとてもおぼつかない。世の中の秩序が整い、平穏な日々がもどってこないと、百姓等は年貢を納めたりしませんと、三職は東寺《とうじ》に在地の実情を訴えた。

徳政によって弓矢になる

「徳政の寄合」が毎日のように開かれたといういなかの動きについて、金子衡氏書状（『教王護国寺文書』一七六六）では、

> 去年の徳政に、いなかは大変な騒動で、どうしようもありません。私も、「生涯に及ぶ」かと思うような目に何度もあいました。こちらの長田が知行している名田《みょうでん》を、守護領の馬塚という者が取るといって、日々に「せい使」をするぞと脅してきており、当方もさらさら油断することなく態勢を固めております。宗末三郎兵衛が持っている清友名を、中田が取ると申して、これまた日々、「よ《（寄）》せへき」と言っています。同じ三郎兵衛が持っている永貞名も、伯耆国から敵人があらわれ、田などを取り返されてしまいました。

など、徳政をめぐって「ゐ中之ふつそう《(物忩)》、せひ《(是非)》なく候」という状況を、さらに詳しく述べている。いなかに緊急事態をもたらしたのは、徳政だった。応仁元年五月十八日の三職注進状（ク函四七）に、

助延名は、長田が知行していたところですが、国方の馬塚と申す者が違乱してきて、「弓矢」になりました。けれども、われわれがいろいろと手を尽くして仲裁しましたので、当年は目下のところ無為無事な状態です。伊達殿のところに我ら三人が何度も出向き、ことなき状態に収めてはおりますが、来年には、おそらく「弓矢」になること必定です。

とある。馬塚は新見庄域《にいみのしょういき》のすぐ東に隣接したところに地名も残っており、おそらく「馬塚と申す者」とは守護領の有力な名主《みょうしゅ》だったと思われる。三職は守護被官の伊達氏のもとを訪れ、双方無事に収まるよう手だてを尽くし、目下のところ何とか武力衝突だけは回避できているが、来年までは持つまいという。

この前年の文正元年秋から冬にかけて、京都や大和・近江などで馬借《ばしゃく》の蜂起があり、路次を塞いだ徳政一揆が京都や奈良に攻め込んだ。それに連動するかのように、備中国の新見周辺でも徳政の動きがあり、「去年の徳政に、いなか物忩、是非なし」という事態になった。

庄内で「弓矢」に及ぶような事件がいくつも生まれた。宗末三郎兵衛が持つ清友名を中田方が取るといって連日「寄せべき（攻撃をかけるぞ）」と大騒動になっている問題に関しては、これまでの経緯がよくわかる史料が残っている。

清友名中田方の未進注文

寛正六年にまとめられた中田方の未進分注進状（『教王護国寺文書』一七四一）には、

（端裏書）
「新見庄　中田方未進安（案）文」
　新見庄中田方年〻の未進注文事
五百卅六文　　寛正二年分　未進
五百廿九文　同　三年分　未進
四百卅五文　同　四年分　未進
四百三五文　同　五年分　未進
　已上一貫六百卅八文
　同米方
八升八合七勺　同　四年分　未進
四斗三勺　　同　五年分　未進
　　已上四斗八升九合

同大豆方
二斗五合五勺　　同　二年分　未進
六升四合　　同　三年分　未進
一斗二升七合五勺　　同　四年分　未進
一斗二升六合五勺　　同　□（五）年分　未進
已上五斗二升四合五勺
七斗　　夏麦　　同五年分
惣都合一石一斗四升□（三）合五勺
寛正六　五月　日　　上使　乗幸
長栄（花押）

と、寛正二年から五年にいたる中田方の年貢未進が書き上げられている。年々、未進を重ねる中田にどう対処すべきか、上使《じょうし》長栄や代官本位田は、三職とも相談のうえ、次のような手を打った。

清友名田三分一の上状と宛行状

中田方に、清友名三分の一を返上させることにしたのである。

（端裏書）
「新見庄　清友名上状《あげじょう》あんもん　中田左衛門尉」

返上申し上げます。新見庄領家方分清友名三分一を預かり申してまいりましたが、御年貢など年々の分を未進つかまつり候により、返上いたします、もしも子々孫々のうちで、此の三分一につき、兎角《とかく》あれこれと異議を申す者が出てきたならば、厳しく御罪科なされて当然でございます。この証人として御領中の御百姓が判形を加えるものです、よって上状、件の如し、

寛正六年五月十日　　中田さへもん尉

当百姓後家

証人御百姓　宗末弥二郎大夫

証人　同名右近

東寺御政所殿

同　御上使様へ

このような上状を出したといっても、もちろん中田は、自分から進んで名を返還したわけではない。長年にわたる未進を責められて、清友名三分の一を取り上げられたわけである。清友名は中奥にある名だったが、その三分一を持っていた中田に、年貢未進が続いたため、権利を放棄するようにと迫られ、この上状を書いたのだった。中田方では、子々孫々にいたるまで、この名に対して、あれこれと異議申し立てをしない旨、書き載せている。それを証明する証人として、領内の二人の御百姓が判形《はんぎょう》を加えた。そのほか中田左衛門尉の次に「当百姓後家」が署判《しょはん》している。これがいったい誰なのかは、次の宛行状《あてがいじょう》を読めばよくわかる。

中田が返上した清友名三分一は宗末三郎兵衛に宛行われることになった（え函四三）。彼が中田の未進分を肩代わりしたからである。

　東寺御領備中国新見庄領家方、清友名田三分一の事、年々、過分に未進を重ねてきたので、中田方は子々孫々にいたるまで、とかくの儀を申さぬと、上状をつかまつりました。清友右近の後家も、子供になり代わって、同じく上状に判をすえ、他に後日の証人のために宗末右近尉と同名弥二郎大夫が判をすえたうえは、いかようの子細があろうとも天下一道（同）の徳政行き候とも、彼の名田の未進分三貫五百文を支払ったからには、宗末三郎兵衛に、清友名三分の一を宛て行うところ間違いないことだ。子々孫々まで決して未進けた（解怠）いのないように年貢を納入せよ。よって後日のための状、件の如し、

　　寛正六きのとのとり
　　　五月十七日
　　　　　　　　　　　　上使
　　　　　　　　　　　　政所
　　宗末三郎兵衛方へ　あんもん
　　　　　　　　　　　　金子
　　　　　　　　　　　　福本
　　　　　　　　　　　　宮田

この宗末三郎兵衛への宛行状の文面から、中田左衛門尉が提出した上状に署判した「当百姓後

家」というのが清友右近の後家で、まだ幼い子供に代わって判をすえたことがわかる。清友右近は、清友名の名主の一人として中田方が清友名三分一を返上するのに同意する必要があったのだが、すでに当人は死去し、子供も幼かったので、代わって「後家」が署判を加えたのだ。この宛行状を発給しているのは領主東寺から下った上使乗幸長栄と政所《まんどころ》本位田家盛、そして三職の金子・福本・宮田である。しかし、清友名三分の一を中田が返上し、宗末三郎兵衛に宛行われたことを証明しているのは庄内の百姓三人（うち一人は「後家」）である。この宛行状でも、彼らが「判をすえたうえは」と、新たに宗末三郎兵衛に名を宛行う根拠にしている。先に見た、節岡正分名の闕所《けつしょ》問題を惣御百姓中が告発せず名が復活されたのと同様に、ここでも名の領有権の移行を保証するのは在地の御百姓等で、清友名に関わる清友右近後家と、新たな名主宗末三郎兵衛に関わって宗末右近尉と宗末弥二郎大夫が判をすえている。

　このようにして、清友名三分一の領有権は中田左衛門尉から宗末三郎兵衛に移った。宛行状に「天下一同の徳政」がおこなわれたとしても、この権限の移行には適用されないと明記されている。しかし、それにもかかわらず、「徳政」というリセットボタンが押されるやいなや、すぐに中田方は、一度失ってしまった権利を復活させるため、「日々、寄せべき」と力づくでの取り戻しに動き出したのである。「いなかも徳政で物忩だ」と言われる、これが実態だった。

連鎖していく物忩

かろうじて、帰り着いた祐成

応仁元年（一四六七）三月に、新見からの京上夫《きょうじょうふ》と播州府中で出会い、そのまま新見庄《にいみのしょう》へと下向した代官祐成は、三職《さんしき》の協力を得ながら、前年の文正元年（一四六六）分の年貢算用状（ク函四一）、年貢銭未進注文（ム函七一）、年貢米・夏麦・大豆未進注文（ク函四二）を五月十八日にまとめあげると、すぐ帰途につき、五月二十九日に東寺《とうじ》に到着した。もともと去年分の年貢収納が目的で、秋まで在庄して応仁元年分の所務をおこなうつもりはもともとなかった。いつ戦乱が再発するか、わからない情勢だったからである。五月十八日の三職注進状《ちゅうしんじょう》（ク函四七）は、代官祐成のその素早い行動を、

> 御代官、御下向候て、地下御算用候て、御上洛御目出候、

と記している。

京都の情勢は五月に入って、にわかに緊迫してくる。両勢力のこぜりあいが各地で起こり、大内氏や大友氏が兵船を狩り催して上洛の支度をしているとか、もう大内の軍勢は瀬戸内海を船で上ってきて今にも到着するだろうという風聞が広がった（『経覚私要鈔』）。山名方への援軍上洛が伝えられると、細川分国からの軍勢集結も加速された。そして、ついに五月二十六日の早朝、細川方から攻撃をしかけ、ただちに将軍御所を占拠した。山名方もすぐに応戦し、東西両勢力を構成する守護たちの館が集まっている京都の町の北辺では激しい戦闘が続いた。応仁の乱の本格的な始まりである。この最初の段階の合戦で、北は船岡山から南は二条あたりまでが焼亡したという。この時点では、まだ京都の町の南に位置する東寺あたりまでは戦乱が及んでいなかった。六月になると、さらに東西両軍の戦闘は京中で激しくなり、京都に通じる主要な道という道は双方の勢力によって押さえられ固められたから、路次の通行はとても困難になった。

祐成が新見庄から上洛してきたのが五月二十九日、まさに間一髪のタイミングだった。ほんの少しでも遅れていたら、おそらく京都に入ることも東寺までたどり着くことも困難だったに違いない。

在庄しない代官

最勝光院《さいしょうこういん》方評定引付《ひきつけ》（け函二一〇）によると、七月を迎え、代官は年貢収納のために動き出さねばならないのに祐成は動こうとしない。

一庄の「所務始」がやってくるのに、庄家に本所の御代官本人が在庄しないなど、もってのほかで、はなはだけしからん。

と供僧《くそう》等がせっついても、祐成は明確な返事をよこさず、代理の者を下すことを承知したものの、二ヵ月以上も音沙汰がなく、十月六日になって、やっと祐成から、明日七日に新見庄に人を遣わすので、現地に持たせる「書下《かきくだし》」を頂戴したいと申し入れがあった。しかし、激しい戦闘が続く状況下で、代わって下向するという者も容易に見つからず、結局このときには、左衛門五郎という祐成の中間が下向した。左衛門五郎も長居はせず、十一月二十二日には京都にもどった。

使僧、四国をまわって

新見庄からも通常の京上夫《きょうじょうふ》を立てることができず、十二月十八日の三職注進状（え函四六）は使僧の千念寺が届けた。この使僧が京都の東寺に着いたのは、翌年の応仁二年一月十日だった。じつに二十日あまりもの日数を要している。

このたびは、四国をまわり、遠路を経て上ってまいりました。

と千念寺は述べている。いつも上ってくる山陽道は「路次物忩《ぶっそう》」で通行できなかったから、四国までも遠回りしてやっと東寺に着いたのだった。路銭を使い果たした僧は、東寺で「書下」が出されるのを待つあいだ、以前に、地頭方政所屋再建問題のとき上使《じょうし》として在庄しその顔を見知っていた上総増祐に、頼み込んで借銭をした。その借状《しゃくじょう》（『教王護国寺文書』一七八六）が残っている。

（端裏書）

「新見ヨリ使僧路銭借状　応仁二　正　廿」

年始になれなれしく申し入れて恐縮ですが、せんねんじに二百文をお貸しいただければ本当にうれしく存じます。必ずいなかの方で返弁いたしますので、くれぐれもよろしくお頼み申します。恐々謹言、

正月廿日　（花押）

かつさとのへ（上総殿）

代官祐成、上表

その後何度も繰り返し供僧等から人を下すようにと厳しく求められて、やっと祐成は返事をよこした。

今のような状況では、誰も下向することなどできません。以前のように在庄して、年貢の算用を遂げ所務をまっとうするのは到底不可能です。国から注進状が届いたり、年貢が運送されてくれれば、私は京都にいて、それをただ取り次ぐだけです。このうえは、別に上使をお下しになって地下《じげ》の御成敗ができるよう、よろしく御衆儀くださいませ。

「この情勢で、それができるものならやってみてください」と言わんばかりの開き直った祐成の返事に、最勝光院方供僧等は、

早々に人を下すようにと、何度も仰せ付けたのに承引せず、あげくのはてに、このようなことを言い出すとは、もってのほかの次第で、けしからん。まったく意味がわからん。

と憤り、「只今の申詞《もうしことば》、以っての外の次第、さらに以って其の意を得ず」「あまつさえ只今の申様、何躰の次第や」と憤懣をぶちまけている。そして、祐成は「代官職上表《じょうひょう》」ということになった。辞表の提出である。

しかし、新見から届けられた割符を銭に換えるため和泉の堺まで下っていった門指《かどさし》の道仲が、その途中でたいそう危険な目にあったりして、応仁の乱勃発による事態の深刻さをいち早く身にしみて痛感していたのは、寺内の上層にいる供僧等ではなく、実際に、この戦乱の中を動かねばならない寺官や下部《しもべ》たちだった。

誰もが堅く辞退する

供僧等は、以前にも新見庄に長く在庄し、またその後も下向したことがあり在地の事情に通じた「案内者《あないじゃ》」だからということで、了蔵に白羽の矢をたてた。しかし、この応仁の乱中に新見庄に下向するなど無理だからと、了蔵は何度命じられても固辞し続けた。

万一、思いがけない事態が起こって、長く在庄しなければならなくなっても、妻子たちには少しでも助けになるよう援助するし、了蔵にも特に粉骨分を与えるから、と供僧等が特別に好条件を提示しても、了蔵の答えは「重ねて堅く辞退」だった。それならばと、了蔵の同僚である道祐や道仲に申し付けたが、「二人ともに堅く辞退」した。結局、東寺内では新見まで下ることを承知する者が一人もおらず、困った供僧等は、以前に新見庄へ使者として往

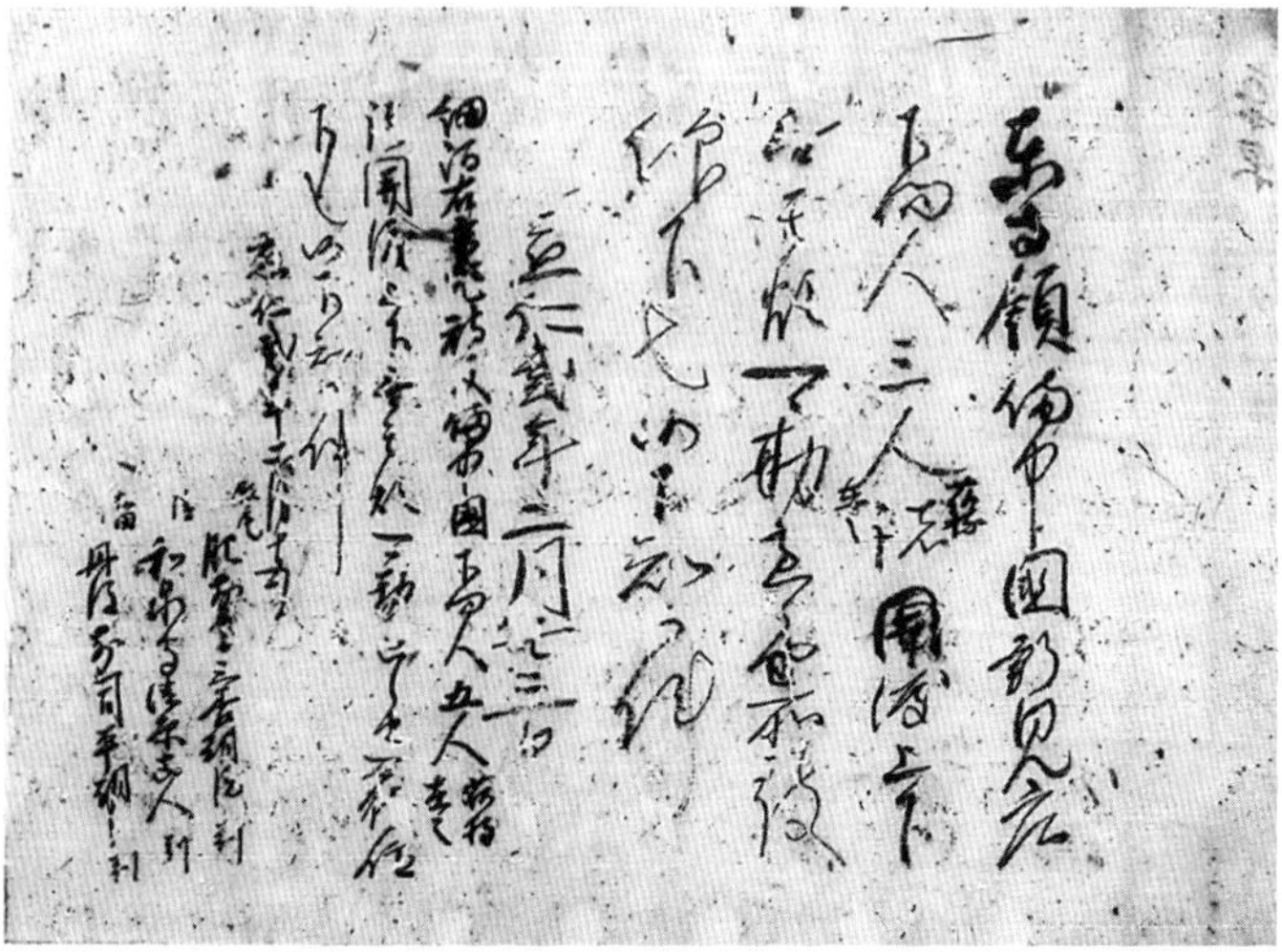

図18　室町幕府過書案（サ函179―(1)(2)）

復した喜阿弥という聖《ひじり》を雇い入れることにした。

海道の過所

すると応仁二年二月九日、喜阿弥から、備中に下るために海道の過所《かしょ》を入手してもらいたいと言ってきた。東寺はさっそく、室町幕府の奉行人で東寺奉行の清和泉守に相談し、

東寺領備中国新見庄に下向する三人が、諸関や渡しを上下するのに、何も煩いなく通過できるようにと、仰せ下されるところである。よって、以上のとおり下知する。

応仁弐年二月廿三日

との過所（サ函一七九―（一））を得た。「過所」というのは通行手形のようなもので、道中の関や渡しを無事に通過するためのもので

ある。道中で戦闘行為があり軍勢が占拠していても、これがあれば通過が可能となるのだが、あくまでも、これはその軍勢が東軍方であった場合の話で、西軍方が、東軍方に取りこまれてしまっている将軍の命を受けたこの室町幕府奉行人奉書《ほうしょ》を遵守するという保証はどこにもない。この過所の正文《しょうもん》は喜阿弥に渡してしまっており、東寺に残っているのは案文《あんもん》なので、室町幕府奉行人の誰がこれに署判《しょはん》したのかわからない。けれども、同じ頃に出されたもう一つの過所案（サ函一七九―（二））が写されている。

細河右京兆の被官五人が備中国に下向するが、諸関や渡しを上下するのに、何の煩いもなく通過できるようにと、仰せ下されるところである。よって、以上のとおり下知する。

応仁弐年二月十五日

飯尾肥前守三善朝臣判
清和泉守清原真人判
松田丹波前司平朝臣判

と室町幕府奉行人三人の名前がここには明記されている。おそらく、喜阿弥のために出された過所にも、同じ奉行人の連署《れんしょ》があったと思われる。この細川勝元の被官五人に出された過所の案文が東寺にあるということは、おそらく、この勝元被官五人が喜阿弥と同道して備中国に下ったのだろう。

応仁二年の三職注進状には、何度も同じことばが出てくる。

京都物忩ニ付き候て、もってのほかに国も物忩ニせひ《是非》なく候（サ函一七六）、
京都御ふつそう《物忩》ニより候て、ゐ中も事のほかふつそうに候（ツ函二二七）、

京都物忩につき、国も物忩

前年に始まった京都での争乱がおさまらず、京都といなかをつなぐ道が通行困難におちいり、この「路次物忩」がからまって、諸国も大騒動になっている。そして、それが連鎖しながら、「世間物忩」「世上物忩」「天下物忩」へと広がっていく。

「物忩」は『日葡辞書』に、「busso（ブッソウ）Mono isogauaxi（モノイソガワシ）」とある。「いそがし」が「せかされる感じで落ち着かない」という意味なのに対して、「いそがわし」は「（第三者的な立場から見て）いそがしい、せわしい感じである。落ち着かない」と『日本国語大辞典』（小学館）に書かれている。つまり、そこには、「物忩」の連鎖に巻き込まれ、その中に身を置きながらも、第三者的な醒めた目で見ている、そのような視線が感じられるのである。

この時期の「東寺書下」には、

天下の様、ただ去年と同篇ニ候。何と〳〵候べきや（ゆ函三九）、
京都の儀、ただ同篇、上下諸人、迷惑するばかり（ゆ函四〇）、
世上の儀、ただ同篇に候、京中迷惑す（ゆ函四二）、
世上の儀、近日、尚々煩わしくなり候、殊に当寺辺、御迷惑に候（サ函一八〇）、

と、戦乱が続くこの事態に京中の上下諸人も寺辺の人びとも困り果てていると述べている。

ところが三職注進状では、

世間物忩ニ付き候て、所々の御年貢納めず候、近所近郷には更ニ御年貢沙汰申す方なく候（え函四六）、

京都御ふつそうニ付き候て、いなかも、かくの如く候、世間しづまり候ハんあいだなりとも、御か、ゑ候ハて八叶うまじく候、無為に成り候ハ、、御年貢も納むべく候、御百姓等色々の事を申し、御年貢等かいぐしくも納めず候（サ函一七六）、

京・ゐ中ふつそうニより候て、御年貢納めず候（サ函三五四）、

と述べて、このような世間物忩の時分には、百姓等は年貢をかいがいしく納めようとはしないし、納められた年貢も世間が鎮まるまでは在地の方で「抱え置く」しかすべがない、無為になれば百姓等も年貢を納めるでしょうから、とにかく今は我慢のときだという。

京都の東寺も、いなかの三職も、「世間物忩」「世上物忩」「天下物忩」と同じようなことばを用いてはいるが、「上下諸人迷惑」「京中迷惑」「寺辺迷惑」と嘆くだけの東寺書下とは違って、三職注進状はこの事態を悲観的にはとらえていない。年貢をかいがいしく納めない百姓等の態度や、自分たちで年貢を「抱え置く」ことを、むしろ前向きに受けとめている。

応仁二年の東寺書下では、

去年、天下物忩の時分に、庄家を無為に保って、御年貢などを収納できたことは、千万々々めでたいことです。これは、ひとえに三職の御忠節と言うべきです（ゆ函四〇・四二）、

三職の忠節

とあり、特に田所《たどころ》の金子因幡守衡氏に宛てては、去年のあの世間物忩の時分に、年貢以下を納入したのは、「御高名と言うべきで、御忠節のいたりだ」と持ち上げ、納めた年貢の十分の一を「粉骨分」として金子に与えるので、残る年貢の催促・収納・運送に努めるように申し送っている（ゆ函三九・サ函一八〇）。

寺から代官が下向できない非常事態の中で、庄務の中軸に誰がいるのか、一目瞭然だった。

祐成上表問題は、うやむやに

新見庄代官職について、若狭（祐成）は辞退申したのだから、去年・去々年の年貢は、たとえ少しであっても、決して先代官の方に渡してはならない。万一、少分でも渡すようなことがあれば、三職の面々の越度たるべし。

当初、東寺書下にはこのように記されていた。ところが、三職はこれに対して、中殿（祐成）上表の由を承りました。その理由は庄家が御年貢を納めないからなのでしょうか。それなら、近隣の他の御領でも御年貢がまったく納められておらず、これは決して中殿のせいではありません。世間物忩の時分ですので、どうか御了簡ください。別人が下って催

促なさっても、今の状況に変りはありません（サ函一七七）。

と述べ、喜阿弥が京都にもどるときに託した三職注進状（ツ函二二七）では、

中殿様が、もとのごとく御代官に定められた由、我らとしても目出度いことです。今の時分は、別人などが下られても、在地の事情にも不案内で、内外ともにいろんな訴えがある中で混乱するばかりですから、本当に喜ばしいことです。

と書き送ってきた。驚いたのは最勝光院方供僧等である。早速に評定をして（け函二一）、七月八日に新見から喜阿弥が参洛して届けた注進状には、「乗観（祐成）がもとどおり御代官を仰せつけられたこと、目出度く候」とあるが、われわれの衆儀としてはまったく承知していないことだ。このようなことを庄家に申し下したのは、最勝光院方公文か、それとも乗観（祐成）自身なのか。いずれにしてもとんでもないことで、公文所に問い糺さねばならぬ。

ということになった。公文所の返事は、

以前、祐成の上表をご了承なさったのかどうかよくわからなかったので、地下へは、是とも非とも申しておりません。

というあいまいなものであった。そして、供僧等が次に代官に任命しようとした乗幸も、

一、下部を一人、召し具すこと。その人選は寺家のはからいとする。

二、過所を入手すること。

三、東軍の陣に行き、備中あたりに下る者がいたら同道を願い出ること。

という三つの条件を出し、これが叶えられないなら下向できないという返事をよこした。それならばと公文所《くもんじょ》の他の寺官たちに代官就任を打診しても、誰もが辞退の返事ばかりを返してくる。

結局、十月十三日に乗観（祐成）から「再度、代官職所望」の申し入れがあったとき、まったく打つ手をなくしていた供僧等は、もとどおり祐成に新見庄領家方代官職を仰せつけるよりほかにすべがなかった。本来、東寺の意思決定は、最勝光院方供僧等の衆儀によってなされ、それを受けて公文所の奉書として東寺書下が出される。しかし、この応仁の乱中にあっては、身分序列を軸にした従来のあり方が崩れ、公文所の寺官と現地の庄官たちとの私的なつながりの方が実質的な力を発揮したのだ。

国の境目は、東西両軍の最前線

東寺は西軍方におさえられる

応仁元年（一四六七）八月、三万余の大軍を率いて上洛した大内政弘は、二十三日に東寺《とうじ》に陣を取った。一万余人が東寺境内に入ったという。西軍の山名方に合力する大内軍の上洛は、東西両軍の力関係を一変させるものだった。大内勢は二十四日には北野や船岡山に陣替えをしたが、東寺周辺の緊張は続いた。九月には三宝院や実相院、さらに南禅寺や青蓮院など東山一帯の諸寺が炎上し、十月には相国寺が焼亡した。

応仁二年になると、東軍の足軽《あしがる》が稲荷山に集まり「西軍の糧道を絶つ」（『碧山日録《へきざんにちろく》』）動きや、山名方が軍勢や兵粮を籠め置いていると聞きつけて、細川方が下京あたりを焼き払う（『後知足院房嗣記《のちのちそくいんふさつぐき》』）など、戦火は五条や七条など京中全域に広がっていく。細川方から新見庄《にいみのしょう》代官職を所望して、さまざまな口入《くにゅう》があった。他方、西軍方の畠山義就から、八月十五日に東寺近辺の寺領柳原に半済《はんぜい》の折紙《おりがみ》が入った。畠山義就が山城国の守護として成敗することになったので、ついては、東寺領柳原の年貢半分を、兵粮として差し出せと命じる奉書《ほうしよ》だった（け函一一）。従来から山城守護は東軍方の山名是豊であったが、西軍方の畠山義就は自ら山城守護を名乗り、山城国内の所領に守護として半済を課すのだという。東軍方が将軍足利義政を抱えこみ、室町幕府将軍としての権限を自由に行使するのに対抗して、西軍方でも独自に公方—管領《かんれい》—守護を擁立し、東幕府と西幕府が並び立つかたちができあがってくる。

東寺本来の職分である祈禱についても東西両軍の勢力から依頼があった。

大内方へ巻数を遣わす日次について、来たる十六日がいいということになった。右衛門佐方は久世（鎮守八幡供僧）方、河野方は廿一口方、武田方は十八口方が担当だが、いずれも同じ日に雑掌をもって遣わすことにする。

と最勝光院《さいしようこういん》方引付《ひきつけ》（け函一二）九月十一日条に記されている。「巻数《かんず》」というのは、武運長久や所願成就などの祈禱を依頼され、それを受けて実際に読誦した経巻の数を書面にして報告するものである。西軍方の大内政弘・畠山義就・河野氏や、東軍方の武田氏からの祈禱依頼を受けた東寺の供僧《くそう》等は、それぞれのグループで祈禱した結果を巻数にして届ける際、同じ日にいっせいにおこなうことにした。東寺としては、東西両軍のいずれに味方しようという意思などはなく、陣所にされたときには抵抗せずにこれを受け容れ、祈禱依頼があれば受けるというかたちで、双方に対処しようとしていた。しかし、洛中洛外の諸地域は、東西両軍のあいだで繰り返される争乱によって、いずれかの勢力下に組み込まれていった。東寺の場合も、徐々に西軍の影響下に入るようになる。

備後・はうき・みまさか、三ヵ国の境目

応仁二年二月、三職《さんしき》や金子衡氏が語る新見庄の様子は、緊迫の度を深めていた。

備後・はうき・みまさか三ヵ国のさかいめなので、備中へ打ち入れなどと、物《ぶっ》忩《そう》このうえない状態です。守護方からは城をつくり防備を固めろ、人夫を出せと、いろいろ困難な要求をしてきますが、今までは、まったく承諾しておりません（サ函一七六）。

他国の、はうき・ひんこ・みまさか、いずれも山名殿の御国から打ち入るなどという雑説が日々伝えられています（サ函一七七・ツ函二二七）。

新見庄のある備中国は、管領細川勝元や守護細川勝久などがおさえる細川領国の一つである。ところが、隣接する備後・伯耆・美作は山名方の領国であり、その境目に位置する新見庄は東西両勢力が対峙する最前線になってしまった。日々、山名方からは備中に向かって攻撃をしかけるとの情報があり、備中の守護方からは防備を固めろと命じられた。三ヵ国の境目ということは、前々から何度も言われてきたことである。しかし、応仁の乱が始まり「細川殿様」と「山名殿様」が率いる両軍がぶつかり合う事態になってみると、自分たちの住む村々は、なんと両軍の最

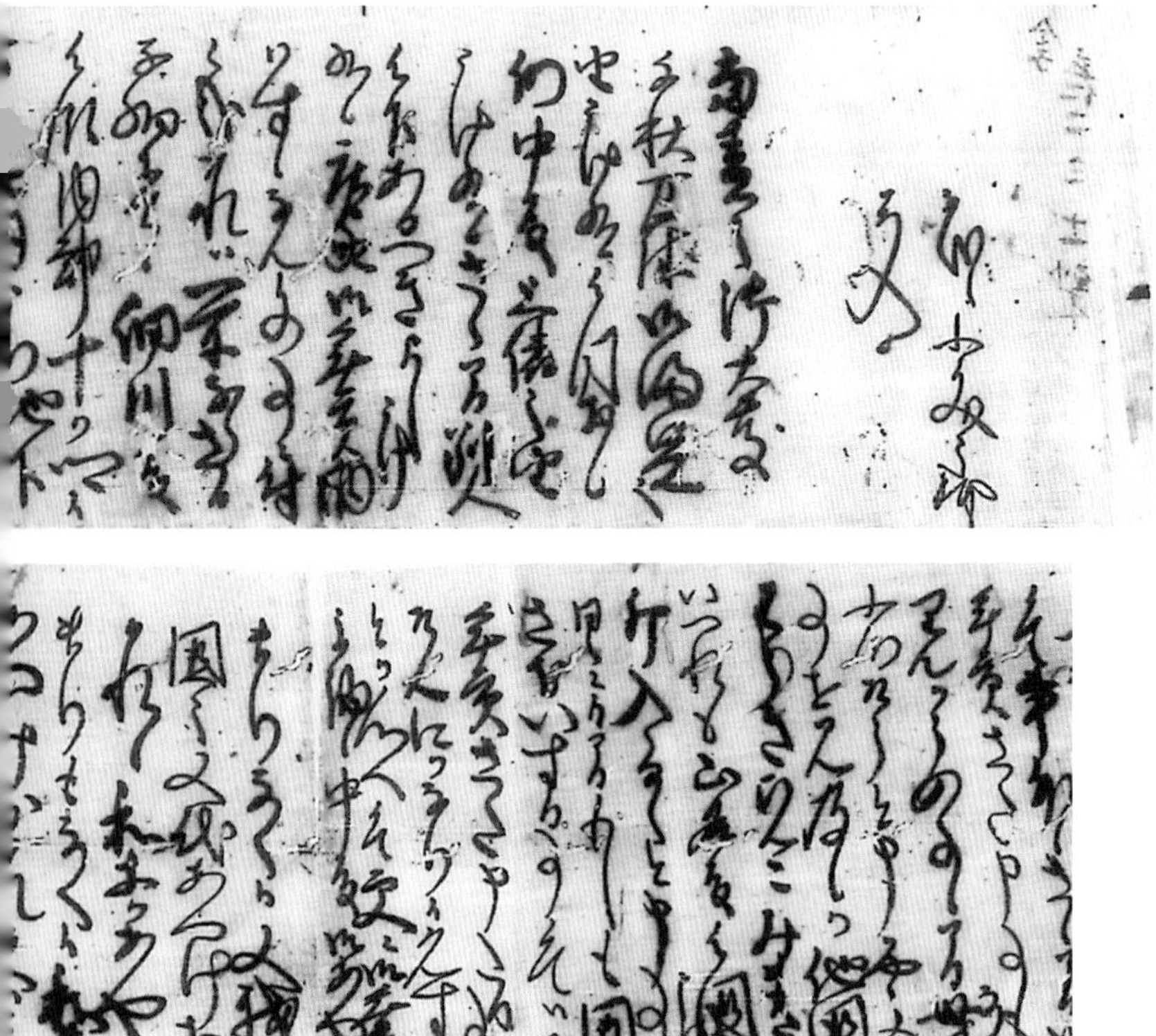

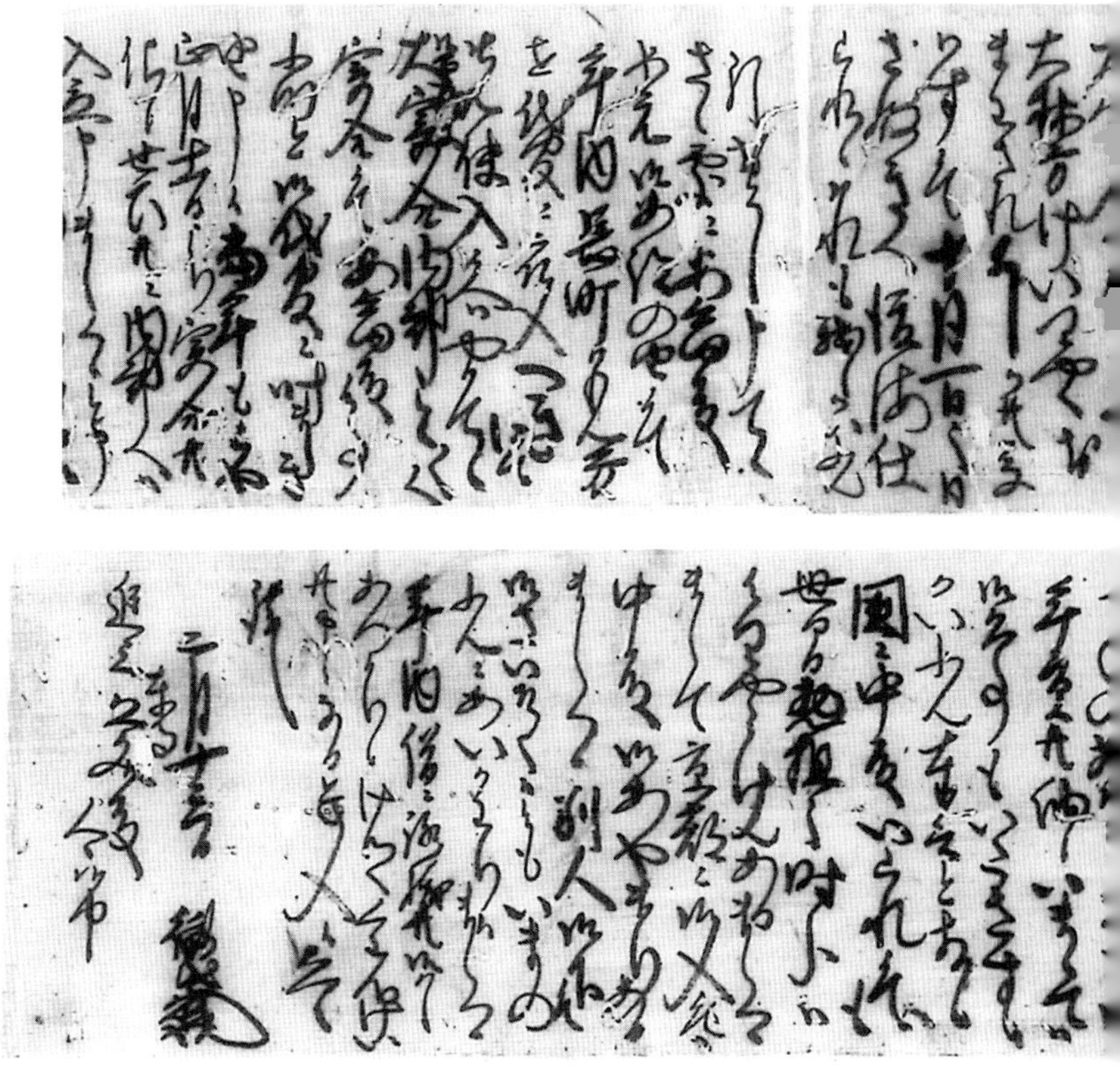

図19　(応仁２年) ２月13日　金子衡氏注進状（サ函177）

前線に位置づけられることになってしまった。これは、新見庄の百姓等も予想しえなかったことだ。

六月になると、三職からの注進状《ちゅうしんじょう》（ツ函二二七）には、

つい先頃も、守護方から「京都の方で、東寺と、新見庄の年貢を兵粮米に借りるという約束をした。国の方で、直に申しつけてくれればいい、と東寺からの仰せである。だから年貢米は守護方に納めよ」との命令が届きました。しかし我らは、どのようなことを言われても、決して承引したりはいたしません。

とある。山名方からは「打ち入ってくる（攻撃をかかけてくる）」という雑説が絶えない一方で、備中守護の細川勝久方の勢力からは、あたかも、京都で、守護と東寺とのあいだで約束が成立したかのように装って、新見庄の年貢米を兵粮米として守護方に納入せよとの命令が下された。

京都をかたく御あしらい候べし

乱中の兵粮米争奪戦は、ありとあらゆる手をつかっておこなわれた。実っている稲を勝手に刈り取ってしまう「刈田狼藉《かりたろうぜき》」という実力行使に出る場合もあった。油断もすきもあったものではない。そのような策謀に京都の東寺が乗せられて、よもや取り返しのつかない約束などしてしまうのではないか。三職はそれを危惧して、東寺に何度も次のように申し送ってた。

いなかをば、我らがかた《（堅）》く踏まえます。どんなに諸方から申し入れがありましても、京都を

堅固に御あしらいなさってくださいませ（ツ函二二七）、
国のことは、思いのほか、強くおさえることができております。京都のはたらきが肝要でございます（サ函三五四）、
返すがえす、いなかのことは、強く持ちこたえていくつもりです、京都の御左右が肝要なことです（サ函三三九）、

この乱中に所領を維持していくためには、京都の東寺の方でも、どこから何を申し入れられようとも、決してこれを受け容れず、寺家がこれまでつちかってきた交渉力を最大限に発揮して対処することが肝心だ。いなかのことは自分たちが堅く踏まえるから、大丈夫だ、安心してくれ。三職はそのように言う。この乱中を切りぬけるためには、いなかでも京都でも、互いの持ち場で、精一杯に対応していくことが求められていた。どちらを向いても「物忩」な時代、これまでの身分序列による組織や秩序に依拠して生きてきた者たちは、これに対処するすべを見失っていく。

新見庄が幕府御料所に？

応仁二年十月十九日の管領細川勝元奉行人奉書案（サ函一九七）に、

東寺の事、御敵に同意候たる上は、寺領備中国新見庄の事、御料所となされ、御代官においては、寺町又三郎に仰せ付けられおわんぬ、自然の儀あらば、又三郎に合力せらるべきの由候也、仍て執達件の如し、
応仁二 十月□（十）九日　　家理　在判

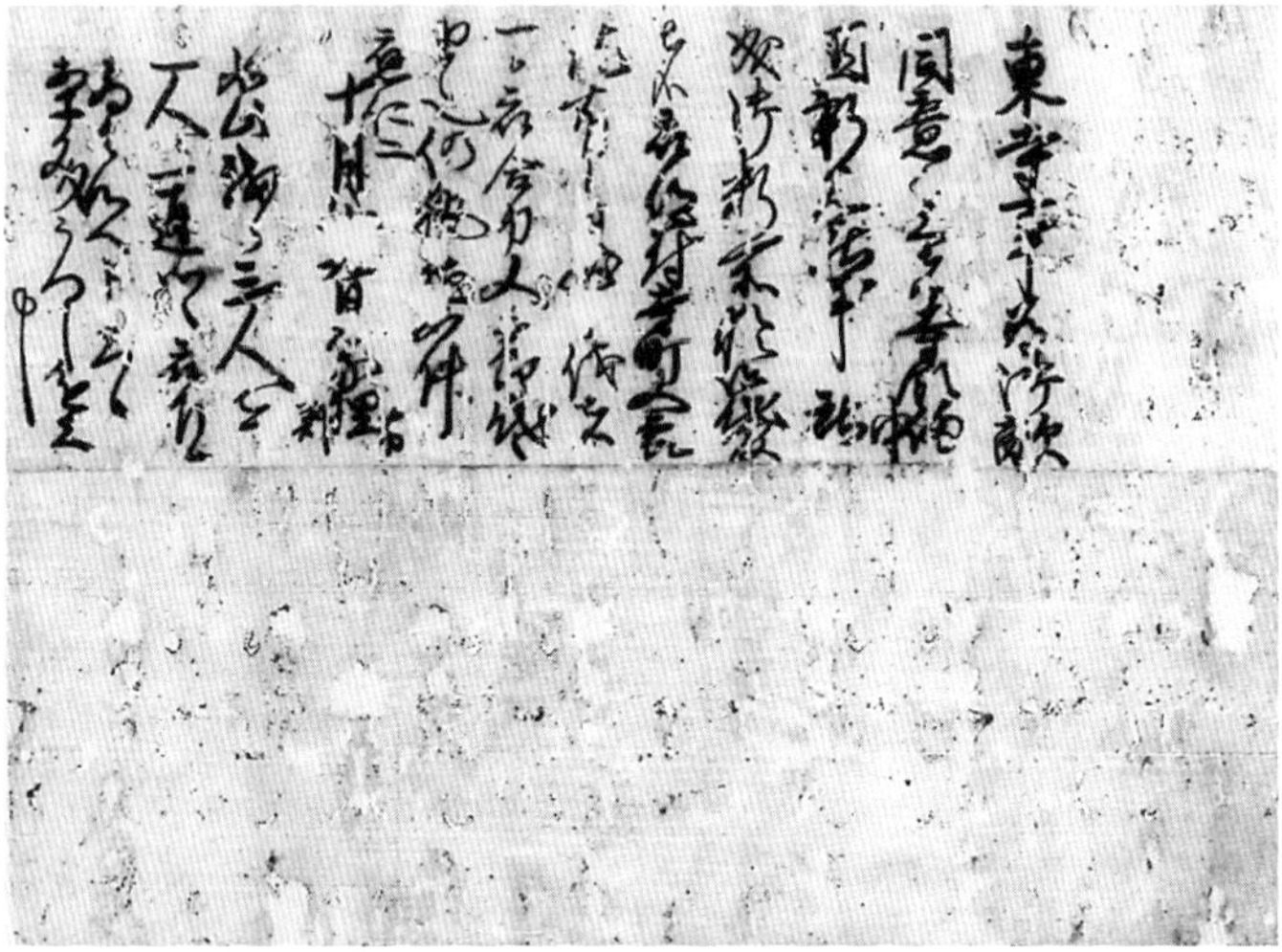

図20　（応仁２年）10月19日　細川勝元奉行人奉書案（サ函197）

此の如く、我ら三人を一人ニ一通ツ、下され候、お心へのため申し上げ候、案文うつし（写）進上申し候、

とある。これまで、この管領細川勝元奉行人奉書をもって、「応仁元年十月に、東軍は東寺が西軍方に味方したので、その領地である備中国新見庄を没収して幕府御料所（直轄領）とし、代官には寺町又三郎を任命した」と理解されてきた。

　けれど、そもそも、この奉書案文《あんもん》がなぜ東寺にあるのか、東寺はこれを通達されて寺領の御料所化を了承したのか、新見庄の在地ではどうだったのかなどの点について、詳しく検討されてはこなかった。奉書が出れば、その命令が現実に実行されたものと考えられたからである。しかし、これが、幕府による秩序統制が行き届いていた平時に出されたのならともかく、東方に幕府があれば西方にだって幕府があるというような応仁の乱中に出された一枚の管領奉行人奉書が、いったいどれほどの実効力を持ち得たのか、その点をよく考えてみなければならない。

ここで注目しなければならないのが、

　このように、われわれ三人に、一人に一通ずつ下されました。御心得のために申し上げます。
　案文を写して進上いたします

と最後に書かれた三職のことばである。この奉書が三職のそれぞれ一人に一通ずつ届いたので、「管領さまからはこのようなことを言ってきています。東寺の方でも心得ておいてください」と奉書の内容を書き写して連絡してきたわけである。東軍方はこの年の五月にも、山城・近江・伊勢の三ヵ国の寺社本所領を、乱中は武家（幕府）の料所にすると命じたことがある（『後法興院記』）が、これも実現されたわけではない。むしろ、この奉書から読み取るべきは、「東寺事、御敵同意」とあることから、この時期の東寺はおおむね西軍方の支配下におかれたという点ではなかろうか。後の三職注進状に、徴収した年貢や夏麦を進上しようとしても、東寺は「てきちん《（敵陣）》の方に御座候あいだ、通過たやすからず」（サ函三三九）とあることにも、それが示されている。

中世の情報伝達には、実際に人が動き、人が媒介する必要があった。情報伝達の道は、実際に人が通る道と同じだった。だから、奉書による命令が伝えられるには、具体的に人が動かなければならない。この奉書の場合も、

奉書が付けられた日

> 閏十月八日に、秋庭殿の子息寺町殿が、御屋形（細川勝元）様より新見寺家御領を給わったからと、御奉書を付けられました。地下《じげ》として迷惑このうえないことです。しかし、このように人を入れられましても、我らも百姓等も一人として出合いませんでしたので、三日目には庄から去っていきました。秋庭殿から入れられた御奉書の案文を、写して進上申し上げます。このように秋庭殿から申し入れられましても、我ら三人と御百姓等は、たとえ五年・三年なりとも他国つかまつることになっても、決してこれを承知するつもりなどないと、申し定めております。

と十一月十二日の三職注進状（サ函三五四）にあり、幕府御料所にするとして代官に任命された寺町方の勢力が入部して、管領細川勝元奉行人奉書を付けたが、庄内では誰一人としてその場に出て行かなかった。三職と百姓等は何年も他国することになっても受け容れないと決めている。庄内の百姓が誰一人として顔を出さなかったので、奉書を付けにきた勢力は三日目には退散していったという。

さらに三職は、京都の東寺に次のように求めた。

こうなれば、当庄を末代まで御領として固められるべきです。一献料がかかるでしょうが、何とかして公方様や管領様の御奉書をもらってください。道は物忩ですが、使僧を上らせますから、この者に、その奉書を持たせて下していただきたいのです。秋の収穫の時期になり、新見殿も寺家様から請け負ったと言い触らされたり、このように秋庭殿から奉書を付けられたりと、百姓等は不信をつのらせております。どうか、寺家様の御領だと認める奉書を手に入れ、それを写してわれわれ三人に一通ずつ下してください。

奉書には奉書で対抗

新見庄を幕府御料所にという奉書を付けられたので、それに対抗するために、末代にいたるまで新見庄は東寺領だと認める将軍や管領の奉書を下してほしいと要求している。奉書に対しては奉書で対抗しようというわけである。

しかし、東寺を「敵方同意」と断じて所領没収し、幕府の直轄領にしようという方針の東軍方が、新見庄を東寺の寺領と認める奉書を出すとは思えない。ところが驚いたことに、「東寺百合《とうじひゃくごう》文書《もんじょ》」には次のような室町幕府奉行人奉書案（さ函一一八）が残っている。

（端裏書）

「文明元　十　晦　新見庄に下す」

東寺仁王経秘法料所備中国新見庄預所職の事、寺家の直務として、いよいよ御祈禱精誠せら

るべきの由、仰せ下さるる所なり、仍て執達、件の如し、

文明元年九月二日　　　和泉守貞秀　判

散位　判

当寺年預御房

端裏書《はしうらがき》には、文明元年（一四六九）十月晦日に新見庄に下したと記されている。東寺は、三職から求められたとおり、東寺の直務《じきむ》を認める幕府奉行人奉書を得て、それを新見庄に下していたのだ。はたしてこれが、将軍の「上意《じようい》」を確かに奉わったものなのかどうか、もしそうなら、新見庄を幕府御料所とする管領奉行人奉書とは異なる決定を下すもので、東軍内部で将軍と管領が相反する意志決定をしたことになる。

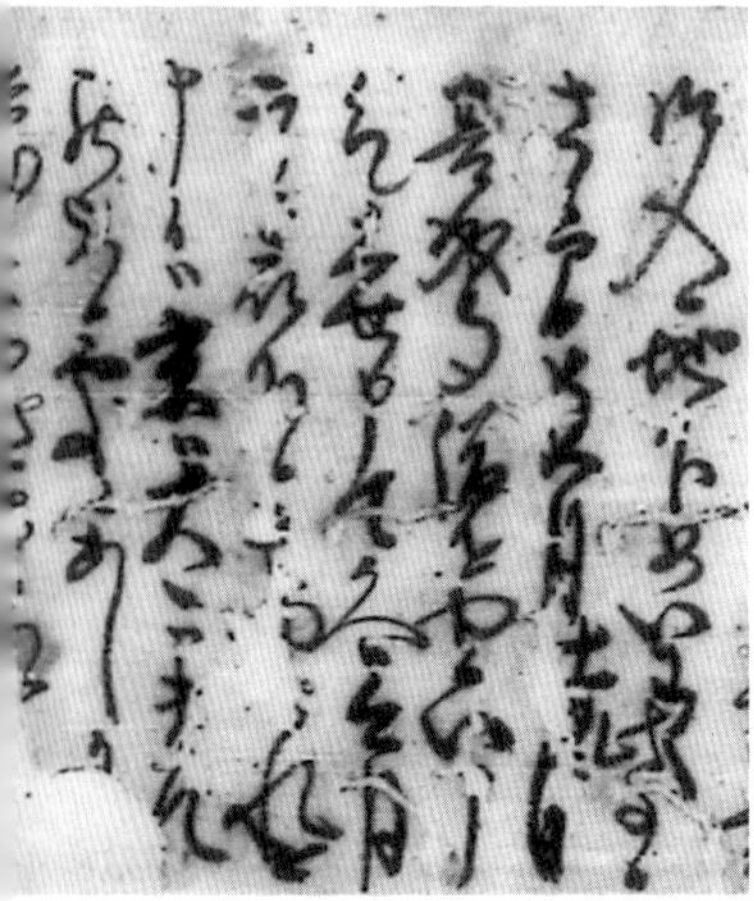

の部分（サ函354）

（読み）

京ハ大こまで

罷上候処ニあしか□（る）

□□□（のしゆ）こま┐

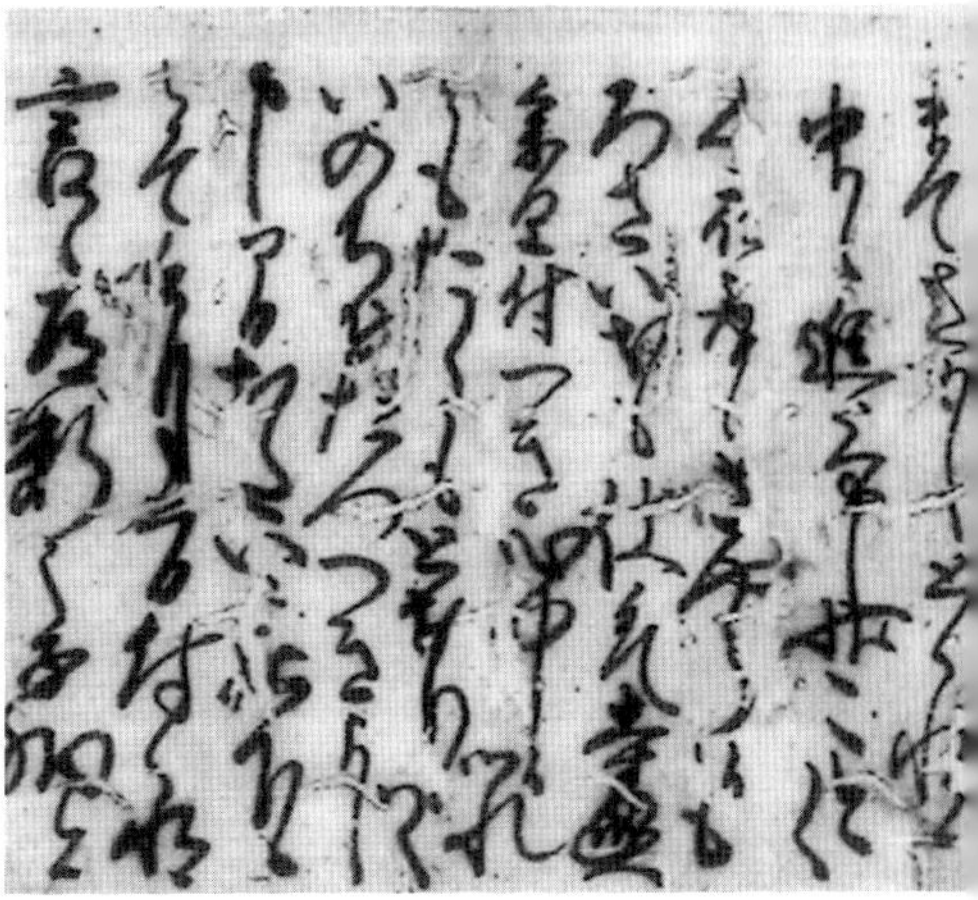

図21　(応仁２年)11月12日　三職連署注進状

まてさかしとられ候
中く進上申候状ことく
く被取候さやう候とも
ろさいおも仕候て寺家へ
参り付へき心中候つれ
ともた丶もとおり候ハ丶、
いのちをたつへきよし
申候間むたいに罷下候

応仁の乱の前夜から、幕府奉行人奉書には「何人の命を受けて発給されたのか、はっきりしないものが少なくない」と桜井英治氏も指摘されている。おそらく、この奉行人奉書も、そうしたものの一つと思われる。端裏書には新見庄に下した日付まで記されているが、以後の三職注進状には、東寺の直務を認めたこの奉行人奉書への言及がない。おそらくこの奉書は彼らの手まで届かなかったのではなかろうか。

奉書を受け取りに京都まで使僧を上らせると三職は言った。しかし、これがまた、なかなかの難問で、

応仁二年閏十月十一日に、庄内の善成寺から僧をやとって京都に上らせました。そこで足軽に襲われ、進上するはずの書状や所持品などをすべて奪い取られてしまいました。それでも使僧は、どうにかして東寺まで行き着きたいと思ったのですが、どうしても通るというなら命を絶つぞと脅され、仕方なくそこから引き返し、十一月二日に新見庄に帰ってきました。

醍醐あたりで足軽に襲われる

という(サ函三五四、二〇〇〜二〇一頁の図21)。東寺に向かうのに、通常ならば、西国街道を上り西岡から桂川を渡って洛中に入るはずである。それが醍醐あたりに出たというのは、京都の東側へ迂回して醍醐や山科から東山を越えて入洛しようとしたからである。おそらく、そのあたりはまだ東軍方の勢力下で、通行が可能だと思ったのであろう。しかし、そこでも足軽勢が道を塞ぎ、通行する人びとを襲って略奪を繰り返していた。応仁の乱中は、ずっと「路次物忩」が続いており、新見庄と京都の東寺との連絡は困難をきわめた。

日本国、乱世の時分

国衙領では地下が大寄合

応仁の乱が始まって、備中国内の国人たちのほとんどは京都へと出陣していった。三ヵ国の境目に位置する新見庄《にいみのしょう》とその周辺の備北地域は、細川領国と山名領国の境界領域になり、東西両軍の最前線になってしまった。双方の勢力のせめぎあいの中、この境界領域には、どちらの権力も及ばない空白が生まれることになった。

応仁元年（一四六七）十二月十八日の注進状《ちゅうしんじょう》（え函四六）には、

新見庄の近所近郷で、御年貢を納めているようなところは、どこにもありません。

とあり、応仁二年二月十三日（サ函一七七）には、

細川殿御領内郡には十カ郷があるのですが、去年（応仁元年）七月より地下《じげ》で大寄合《おおよりあい》をしています。代官の大林方では、いろいろな計略をまわされて、この動きを押さえようとしまし

たが叶わず、十月一日の日に、讃岐国へと海を渡るしかすべがありませんでした。すると、今度は、安富《やすとみ》殿にもとのごとく御安堵なされるとのことで、年内に長町かもん方が入部するため、まずその使が入りました。するとさっそく、国衙領の御百姓等は大寄合を開き、内郡すべてで寄合を持ち、「安富殿の御事は、ふつと御代官ニ叶うまじ」と決め、当年は、早くも正月十一日から寄合をしています。「絶対に、内郡へは入れさせない」と申して、たいそうな大騒動になっています。なので、御年貢を納める在所など、まったくありません。

と近隣の国衙領《こくがりょう》のようすを知らせてきた。六月二十六日（ツ函二二七）には、

内郡国衙領は安富殿に安堵《あんど》されたということで、ここから六里南にある穴田という在所まで、長町備中守が卯月十五日から打ち入ってきています。「これより奥の方には絶対に入れさせない」と国衙の百姓等は、日々に寄合をしています。そのような状況ですから、当庄の百姓等もいろいろと訴訟など申しかけますが、まず、庄家は何事もなく、ありがたいことです。

と百姓等の動きを伝えている。

新見庄の近隣には、「一万六千貫の地」とされる国衙領があり管領《かんれい》細川勝元の領地だった。その十ヵ郷とも十一ヵ郷とも言われる広大な郷々で、国の代官大林方を追い出す動きが活発になり、とうとう讃岐に追いやってしまった。次に安富方に代官職が安堵され、国の代官として長町方が入部しようと新見庄の南六里まで迫っている。「備中守護所までは十五里の山道を隔てている」

と寛正二年（一四六一）の上使《じょうし》注進状にあったが、その半分以上も近いところまで長町勢が兵力を進めて来ているという。しかしながら、国衙領の御百姓等は郷々で「寄合」を持ち、さらに郷々が連合した「大寄合」を開いて互いの横への結合を強化しながら、これを拒んでいた。また、十二月十九日の注進（え函一四八）では、新見庄地頭方でも代官の多治部氏を訴える動きがあり、これまた年貢の納入を拒否しているとのことだった。

土一揆を引きならし

応仁二年の秋には、先に見たように、新見庄領家方に細川勝元奉行人の奉書《ほうしょ》（サ函一九七）が付けられ、寺町方の勢力が介入の動きを見せる。翌文明元年九月二十三日の三職《さんしき》注進状（サ函三三九）には、

京都物忩《ぶっそう》のため、こちらから人を上せておりませんが、また、そちらから、お下りもありません。去年、御屋形（細川勝元）様からの御奉書が、寺町又三郎殿から、はや三度までも付けられています。今月八日に、また御奉書を付けられ、代官が十一日に庄に打ち入ると申しています。しかし、我らが承伏しておりませんので、今のところは庄内に入ってきていません。今月二十一日に、奥・里のおとこが一人残らず出てきて、御八幡で大寄合をし、「東寺以外に地頭を持つつもりはない」と、大かねをつき、土一揆を引きならして結束を固めておりますので、今までところ、寺町方の勢力は庄内に入ってきていません。

とあり、いよいよ、新見庄でも八幡社で大寄合し、「大かねおつき、土一きお引ならし」という

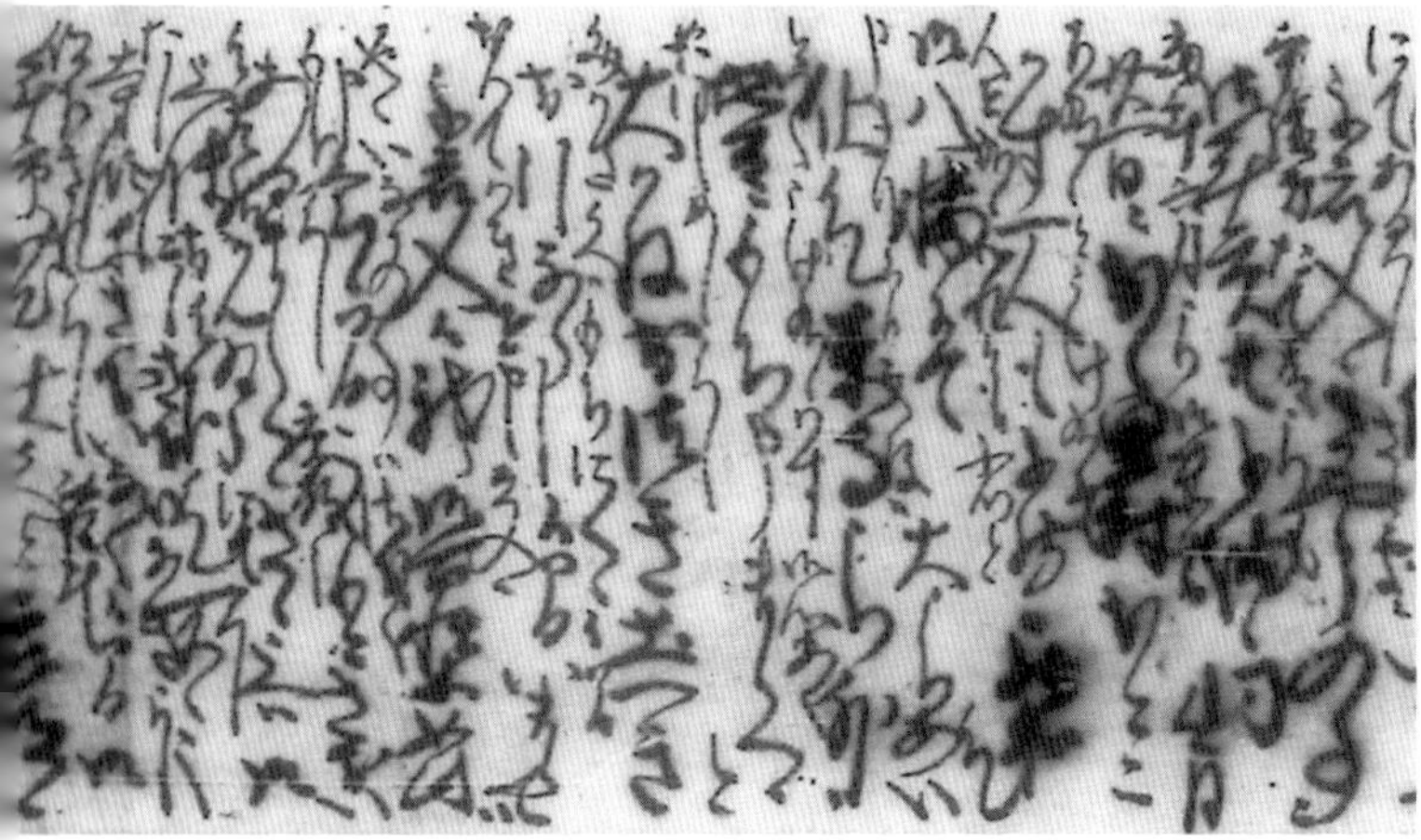

（読み）

今月

廿一日ニおく里村おとこ
かす一人も不残罷出候て
御八幡にて大よりあい
仕候て東寺より外ハ
地頭ニもち申ましく候と
大かねおつき土一き
お引ならし候間いま、てハ
不被入候我ら御百姓等如此
申定候間こ、もとさおい《相違》
あるましく候

図22　三職連署注進状の後半部分（サ函339）

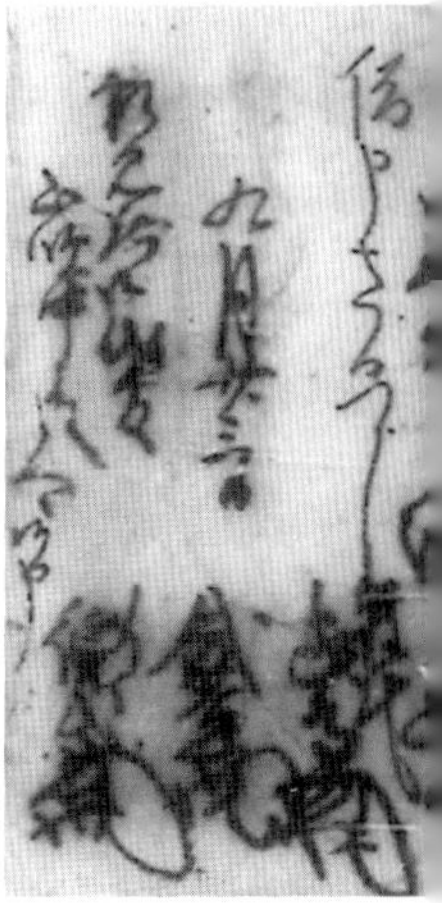

図23　江原八幡宮（高橋傑撮影）

行動に出た。

勝俣鎮夫氏は、この「大かねをつき、土一きお引ならし」という表現に注目し、「鐘の音が人びとを非日常的な存在に変え、平等化した一揆が結ばれるという意識がよみとれる」とされた。平らかにし、平均化するという「ならし」は、「徳政」の中核に位置づけられるものである。庄内のすべてのおとこが一人残らず参加したこの土一揆《つちいっき》は、国衙領十一ヵ郷の土一揆とも、また地頭方の土一揆ともつながって、備中北部の広い範囲にわたって「備中の国一揆」と呼べるような勢力を生み出していく。応仁の乱中、両勢力の境界領域にできた権力の空白をうめたのは、郷々村々の土一揆の力であった。

天下うちかえす程のこと

新見庄では、守護方（細川勝久）、国衙方（管領細川勝元）、さらには勢州方（伊勢氏）まで、諸方から奉書が付けられ、それぞれの代官が何度も入部しようとした。それに対して、「しやうかい《（生涯）》にかけ候て、取られ申さず候」「追つたて申して候」と拒絶し続けた。それは「寺家を大切に存じたてまつり候へばこそ」だと金子衡氏は述べている（サ函三二四）。

百姓等のあいだに、新見庄は東寺《とうじ》の寺領ではなくなってしまうのではないか、現にこのように何度も奉書が付けられているのだから、という懸念が広がるのをおさえるため、金子は東寺にいる代官祐成に対して、次のような内容の書状を送ってくれるようにと頼んだ（サ函三二八）。

寺家は何事もなく無事です。どれほどの「天下うちかへす程」のできごとが起ころうとも、公方様の御祈禱をしているのですから、東寺の寺領に相違が生じるようなことは決してありません。寺家のことは安心して、年貢の納入に奔走しなさい。

「天下うちかえす程のこと」とは、天下がひっくりかえってしまうほどの一大事ということである。たとえ、社会全体の秩序が崩壊してしまうような事態になったとしても、東寺が公方様の御祈禱をする立場に揺るぎはない、東寺の寺領支配は大丈夫なのだと、金子は東寺に言わせたかった。公方の祈禱を国家的任務として負ってきた宗教領主東寺の根源的な力について述べたこのことばが、東寺側から出てくるのではなく、在地の庄官の口から出てくるところが、なんとも興味深い。さらに、「天下うちかえす程のこと」が近い将来、現実のものとなるかもしれないという金子の認識にも驚かされる。応仁の大乱が続く中で、こうした同時代に対する認識は在地社会の奥深くに広がっていたのである。

かかる日本国乱世の時分

金子衡氏は、諸方の奉書を帯びて介入してくる勢力を阻止し、自分たちで新見庄を維持できていることに大きな自負を持っていた。京都にいる代官祐成に向かっても（サ函二三八）、

京都から御代官が直接、当庄にお入りになっていたとしたら、もう早くに、去年から、庄は人のものになっていたでしょう。我が身にお預けなされていればこそ、今まで無事にやって

くることができたのです。

と述べ、新見庄が今あるのは自分自身の功績が大だと主張した。衡氏はさらに、

御領を人に取られず、今に至るまでかかえ《抱》おいてこられたのは、私の奉公によるものと存じます。福本や宮田も相ともに「しょうかい二かけ」等閑なく懸命にがんばっています。（中略）繰り返し何度も申し上げては、奉公がましくなりますけれど、かかる日本国乱世の時分、そちらに御代官を控えておいてくださったからこそ、今まで人に取られることなくやってこれました。そして、私に国の又代官を仰せ付けていただいたからには、この一命を失うことのないかぎり、この庄を決して人に渡すまいと心に決めております。

と書き送った（サ函三二四）。「かかる日本国乱世の時分」に、今、自分は生きているのだという意識、そのことばに、いったいどれほどの経験と思いが重ね合わされてるのか、今の私たちからは想像もできないけれど、ここまで新見庄の歴史を追いかけてきて、最後のところで出会う「日本国乱世の時分」という金子衡氏のことばは、とても重く感じられる。「末代」へとつながる時間が強く意識されるようになった中世後期の在地社会で、「日本国乱世の時分」を迎え、「天下うちかえす程のこと」も想定しなければならない現状を前にして、彼は何を考えていたのだろうか。

腕をもってこそ、所をも身をも持ち候

文明三年（一四七一）二月六日の金子衡氏注進状（さ函一三九）には、

備中国に寺社の領地は三十七ヵ所ありますが、ことごとく、御屋形様（細川勝元）や守護殿様（細川勝久）の御領になってしまっています。当年は「大儀の弓矢」が国内で起こり、庄殿・守護代（石川氏）両方ともに、大勢が討ち死にをしました。京都までも、きっと聞こえていることと存じます。そのような状態ですが、新見庄では今まで奉書を入れられても、その代官を受け容れず、庄内に立ち入らせたこともありません。「それがしの一門は、日野や伯耆・備後、そして当国にも多くいるので、彼らをさそって、土一揆を起こして、国を錯乱させるぞ」と言いふらしているので、当庄を手に入れたいと望む諸方も、今までは当庄に打ち入れないでおります。

とあって、備中国内も両守護代や国人たちの対立が激しく、「大儀の弓矢」と言われるほどの大混乱に陥っていることを伝え、さらに、

今の時分ハ、ゐ中も京都も、うて《（腕）》を以てこそ、所おも身おも、もち候時分ニ候、

と言い放った。この乱世の時期に、いなかでも京都でも、所領を維持し身を持たせるには、腕がものを言う。その「うで」とは、季《き》瓊真蘂《けいしんずい》のような将軍権力を背負ってふるわれる辣腕とはまったく違うものだ。境目の地で国を越えて広がっている一門の連携と、庄郷の百姓等が生み出す土一揆の結集力、これこそが彼の言う「うて《（腕）》」だった。

世間ゆりしつめ、庄家ゆりしつめ

世間ゆり《（揺）》しつ《（鎮）》め候ハヽ、御年貢もよくなるへく候、人ニとられ候ハぬを、よき事と、まつは御心へ候て、御かんにんあるへく候、（中略）はや、庄家ハゆりしつめたる分にて候、年貢納め候ハぬハヽ、一所ニかきらす候、

東寺の公文殿（増祐）と中殿（祐成）に宛てて、金子衡氏はこのようになだめている。今は動揺している世間だが、これが鎮まりさえすれば年貢だってすぐに納まってきます。庄家はもう「ゆりしつめた」に等しいのですから、もう少しの辛抱です。年貢が納められていないのは、何もここだけに限りません。このように金子は説得に努めた。

「揺り鎮める」という表現は、あまり目にしたことがない。けれど、そこから発信されるイメージは明瞭で、激しく揺れ動いていたものがだんだんと沈静化し鎮まっていくさまが浮かんでくる。長い大乱の終わりはまだまだ見えてこない時期であるが、金子衡氏の「はや、庄家ハゆりしつめたる分にて候」ということばには、何か自信のようなものさえ感じられる。

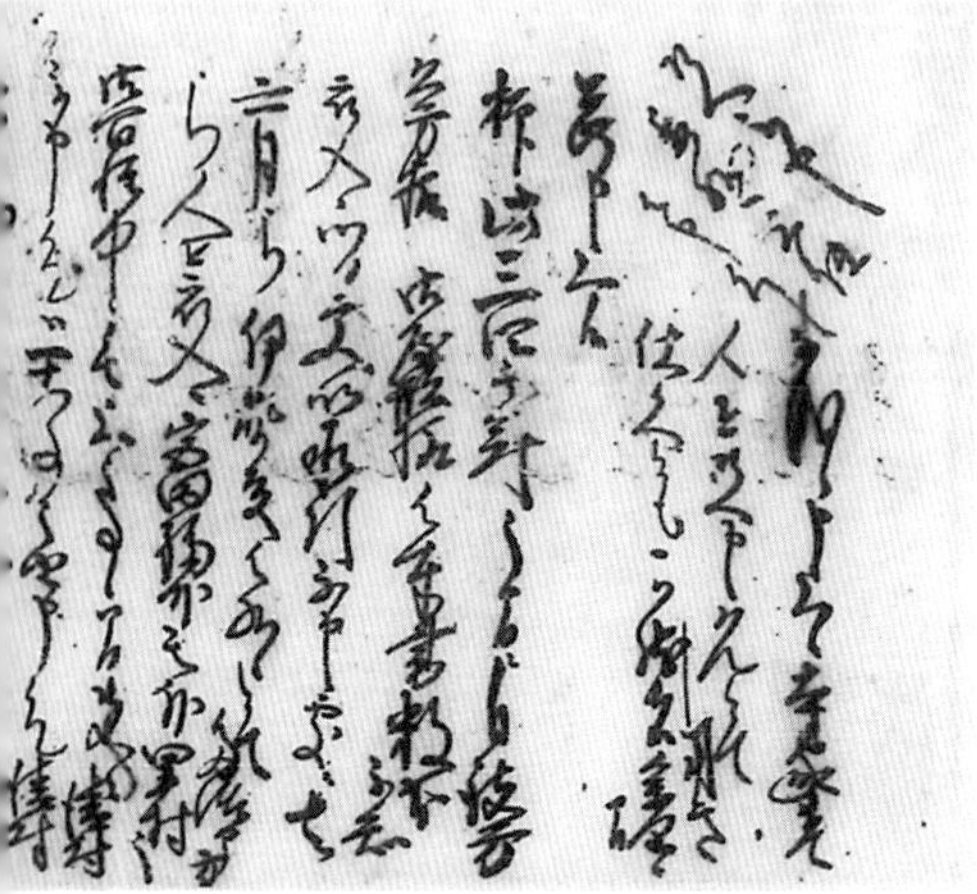

金子衡氏注進状の部分（サ函333）

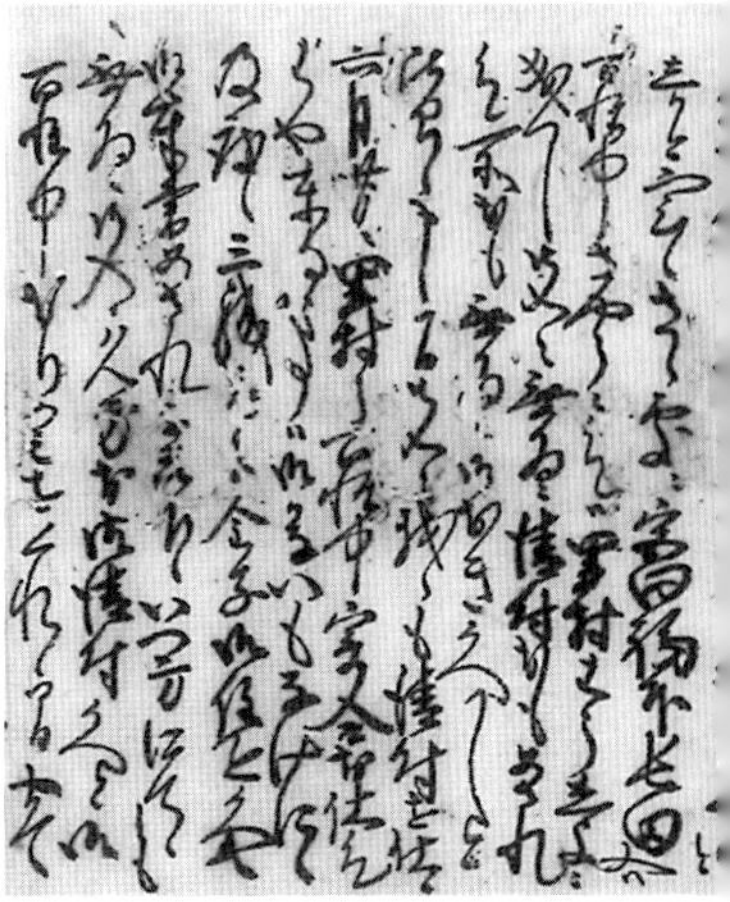
図24　(文明３年)閏８月18日

東寺のことは、御かないもなげに候

しかし、閏八月十八日の金子衡氏注進状（サ函三三三）は、それまでの高揚した物言いから一転して、落胆の色が隠せない。

この三、四年のあいだに、諸方から、公方様や御屋形様から、数え切れないほどの御奉書が入れられたが、まったく承引せずに追い返してきました。ところが、六月に、伊勢殿からたまわったといって、多治部方から人を入れられると、宮田も福本も、里村の御百姓中も、「ここは受け容れないと一大事になる」と、まずは承知することになりました。愚身は、たとえ一人になっても庄家は渡さないと決心しておりますが、「それでは、里村は亡所になってしまう。ここは承知して、在所の無為無事《ぶいぶじ》を保たねば」と皆々が申すので、仕方なく承知することにしました。六月二十日に里村の百姓中が寄合をして、「もはや、東寺は頼りにできません。あれほど三職の金子たちから、御奉書を召されるようにと注進したのに下されませんでした。こうなれば、いず方であれ、平穏に入部してくれる勢力を受け容れるべきです」と百姓中からの折紙《おりがみ》をくれました。

「おく里村おとこ、かす一人も残らず罷《まか》り出候て」という土一揆の結束が崩れた。衡氏は、なお、中奥の百姓等の中に「寺家以外には御代官に用い申すまじ」という声があるのを頼みに、多治部方に抵抗しようとの姿勢を見せるが、

この四、五年、いかほどのしんろう《（心労）》つかまつりたるとも存ぜず候、里村の事、多治部に程近く候て、平地に候あいだ、かゝゑ候わず候、

と書いて、「もはや仕方なし」との気持ちをにじませている。これ以後、応仁の乱が終わるまで、庄家から東寺への注進状は一通もない。

戦乱の中を生きぬく——エピローグ

文書群にめぐりあえた奇跡

ここまで、寛正二年（一四六一）から文明三年（一四七一）までに、備中国新《にい》見庄《みのしょう》と京都の東寺《とうじ》のあいだで交わされた情報伝達の具体像を追いかけてきた。新見庄と東寺のあいだの情報伝達では、在地からは「注進状《ちゅうしんじょう》」が、東寺からは「書下《かきくだし》」が送られた。それぞれの文書は互いに深く関連しあっており、私たちが内容を理解するのを助けてくれる。これらに、会議録としての「最勝光院《さいしょうこういん》方供僧《くそう》評定引付《ひきつけ》」が加わると、点として存在していた文書が面へと広がりを見せる。文書が語る内容を記録が支えることによって、そこに立体的な世界が浮かび上がってくる。

過去をふり返る「遠めがね」の中に、ほんの束の間、何層にも重なった厚い雲が切れて、驚くほどくっきりと姿をあらわしたこの文書の群は、私たちに奇跡的に与えられた恩恵のように思える。中世の在地社会をめぐって、ここまで詳しく互いに呼応しあう事象が連続して語られる史料に、そうそう会えるものではない。「東寺百合文書《とうじひやくごうもんじよ》」中の他の多くの文書においても、また同じ新見庄の関連文書の中でも、在地社会に関してこれほど豊富な内容が詰まった文書群を見出すことはできない。これは本当に希有《けう》な例である。そのような文書を前にした現場で、あれこれと作業した経緯を細部にわたって書きつらねてきたが、そこで気づいたいくつかのことを最後にまとめておきたい。

情報のはこび手

山田邦明氏は、戦国大名や国人たちのあいだの情報伝達を担っていたメッセンジャー（使者）について、口頭での伝達を基本とするコミュニケーションの興味深い事例を紹介されたが、室町時代のいなかと京都のコミュニケーションにおいても、「注進状」や「書下」を、実際に、自分の身につけて運んだのは「使者」たちであった。彼らは、文書を届けるだけでなく、その内容について問われれば、詳しい事情を口頭で語った。そして、その返事となる文書を受け取って帰るのが常だった。

「使者」は、それぞれの場合に応じて、東寺内の下部《しもべ》や中間《ちゆうげん》、また新見庄内の寺の僧侶などが立てられることがあったが、基本的に恒常的にこれを担ったのは、夫役《ぶやく》として百姓等に課せられ定期的に京都に上っていく「京上夫《きようじようふ》」である。これまで「京上夫」というと、主に年貢や公事《くじ》物《もつ》を京上するシステムの中に位置づけられ論じられてきたが、彼らは同時に都鄙間の情報の運び手でもあった。京上夫を一年間に何度立てるかをめぐって、新見庄の百姓等は東寺と長く対立した。また、京上夫を出す「夫元《ふもと》の名《みょう》」の負担、それをめぐる惣御百姓中と正分名主《しょうぶんみょうしゅ》豊岡とのあいだの確執などを追いかけることで、惣御百姓中による証言や承認が名体制やその権利関係の維持にとても大きな影響力を持つことがわかった。また、惣百姓中の主張の軸にすえられた「引懸《ひっかけ》」は、互いの関係を引き合いに出し、常にそれを見つめながら行動する横への連帯意識、平等観へとつながっている。逃げ帰る京上夫や、応仁の乱中に上洛した使僧が足軽《あしがる》に襲われた事件など、緊迫した時代の中で活動する多様な「使者」の姿も明らかになった。

文書が現実化するのは

文書に書かれた内容が実際に実現されるには、まず第一に、それを運ぶ「使者」の存在が必要である。そして次に、その「使者」を誰が送るのかという点も重要なことであった。たとえば室町幕府幕府奉行人奉書《ほうしょ》の場合、実際に出された奉書は、それによって利益を得る当事者がそれを相手方に付ける。中世では、文書伝達のうえでも当事者主義が貫かれている。本文中で見た季瓊真蘂《きけいしんずい》の場合は、東寺内部の命令系統の中にまで強引に割り込んで、当事者としての権利を行使しようとしたのである。

このようにして文書が付けられても、付けられた側がそれを受け容れなければ文書の内容は実現されない。受け手がその内容に納得せず、受け取らずに突き返すこともあった。応仁の乱中、新見庄を幕府御料所にするという管領奉行人奉書の場合は、寺町から使者をもって何度も繰り返し新見庄に付けられたが、三職・百姓等はその場に誰一人として出合わなかったため、新見庄の御料所化は実現しなかった。

残されている一つの文書の文面だけを見て、そこに書かれている内容が事実だと考えるべきではない。文書が現実に化するためには、実際にどれほど多くの人々の働きがかかわっていたのかを、これらの文書群が詳しく具体的に語っているからである。

さらに、これらの文書群に取り組む作業を通して、印象に残る多くのことばに出会うことができた。

末代までも

まず最初にあげたいのが「末代」ということばである。「末代までの大儀」「一代は末代」のように、現在の自己の行動やあり方を「未来の目」から見つめる歴史意識を、中世の在地の人たちは持っていた。もともと、「末代」という語は、「末法の世」の到来という終末論的な意味あいで、「末世」と同じように使われてきた。それが、中世後期になって「子々孫々、末代までも」と、未来に向かって延びる時間軸の中に位置づけられるようになる。新見庄の百姓等も、「末代」へとつながる時間を強く意識しながら、現在の自分たちの行動を律しようとした。ここで夫役負担の加重を認めたりすれば、末代にまで大きな影響を及ぼすのだと、未来への責務を基軸にすえて、今のあり方を検証する姿勢が貫かれている。「公私末代の請文」という主張もあった。庄全体にかかわる所務については、庄官である三職《さんしき》が全員で請文《うけぶみ》を書くべきである。それなのに二人だけの請文を京都で書いたのは「公私」にとって「末代」にまで禍根を残すから、ぜひとも、それをそれを取り戻したいという。本当のところは、そこに書かれた内容に危惧される点があり、三職はそれを撤回するために請文の回収を図ったのだが、その場合も、「末代」を振りかざし、そのような不首尾なものを残しておくわけにはいかないと強く主張した。

祐清殺害事件とその後の展開の中で、百姓等の主張にとりわけ顕著だったのが「末代までの恥辱」ということばである。「恥辱」は、いつの時代も人びとの行動を律する規範であるが、新見庄の三職と百姓等は、代官祐清殺害事件で自分たちがおこなった「自検断」が、将軍の「上意《じょうい》」をもってくつがえされ地頭方政所屋再建を命じられたとき、これを近隣近郷への「聞こえ」という点において、「末代までの恥辱」であるからと、その再建を拒み通そうとした。ここでも「末代」への責任が、彼らの強固な自己主張を支えている。

生涯の際

地下人《じげにん》たちの集団行動は、「勢使《せいづかい》」「発向」「野陣《のじん》」などと称された。「弓矢」という武具そのものを示す直接的な表現もある。ひとたび事が起これば、新見庄の百姓等は刀を持ち、弓矢を取り、武装した集団として動いた。祐清を殺した敵人を捕らえようとして押し寄せたとき、地頭方政所《まんどころ》の門前には多くの「たて（楯）を突き出し」挑発しているかのようだった。そこに祐清の馬もつながれていた。だから彼らは、それに火を放ち、その場に陣を取った。庄内の勢力が結集すれば「甲《かぶと》の四、五百はあるべし」「三ヵ国よりせむるとも落ちるまじ」

と語られた勢力は、応仁の乱中に近隣の郷々と結んで「備中の国一揆」としてその力を示した。中世の在地社会は、武力的エネルギーに満ちあふれていたのである。

「生涯」ということばが、ここに登場する人びとの口から何度も発せられた。初めて新見庄に足を踏み入れた直務《じきむ》代官祐清は、「強儀なる者ども」の多い「不思議なる在所」と第一印象を語りながら、「たとえ一命を失い候とも」という覚悟で新見庄の支配に臨んだ。未進を続ける名主に年貢納入を強く迫ったとき、祐清が口にしたのは、「しやうかい《（生涯）》つかまつり候とも、罷りかへるまじ」というもので、「自分はここで命を落とすことになっても、年貢を皆済させずには帰らない」という決意だった。自身の命と、未進を続ける百姓の命と、その二つの命（＝生涯）をやりとりしながら強行された祐清の支配は、節岡正分名主の豊岡を成敗し、自分自身も命を落とす結果になった。

地頭方政所を留守にしていた庄主が近隣の石蟹郷にいると聞き、前夜以来の「野陣」の態勢のまま押し寄せた三職・百姓等が皆で心に決めていたのは、逃亡している罪人たちが帰庄したときに、これを成敗しないつもりならば、「庄主にしやうかい《（生涯）》させ申すべし」ということだった。罪人の処罰ができないなら、庄主に自害してもらおうと決心して押し寄せたのだ。また、去年の徳政に「ゐなかのふつそう《（物忩）》、せひ《（是非）》なく候」という状況で、自分も「しやうかい《（生涯）》に及び候こと度々に候」と金子は語っている。さらに政所屋再建の現場で、もしも地頭方百姓等から一言でも非難めいた言い草が出れば「差し違えてやる」と、中間ふぜいのような者までが言う。誰もが、「生涯のきわ（際）」のことを、常に意識しながら生きていた。

私たちが中世の在地社会に向きあうとき、平和な村のイメージも、従順で我慢強い村人のイメージも、きっぱりと捨て去らねばならない。彼らの日常にも、非日常にも、直接的な暴力性が充満していた。これは、ここで取り上げた十年間が、応仁の乱前夜から乱のまっただ中にいたる緊迫した時期だったことも確かに大きく影響しているに違いない。けれども、「自力救済」を自らの手で実行しながら生きた中世在地の人びとにとって、それは常に変わらない現実だったのではないだろうか。

徳政への期待

考えてみれば、中世という時代は安定しない社会であった。そのわけは、いくつもの要素がからんでいるだろうが、一つの大きな理由として、「徳政」の存在があげられる。新見庄でも、安富《やすとみ》方の支配から当時の直務支配に替わったときに、田所職《たどころしき》への復帰をめざして大田が動き、御百姓中と協力して闕所《けっしょ》名《みょう》をもとの正分名として復活させた豊岡など、いずれも「代替わり」の機会をとらえて徳政の実現をはかったものである。

文正元年（一四六六）は京都や奈良周辺で大規模な徳政一揆が起こったが、新見庄でも、いったん失った名に対する権利を復活させようとする動きが頻発し、「弓矢」に及ぶような事態になった。権利関係の固定化を排除し、復活を可能にする徳政は、中世という時代を通じ、何度でもよみがえって力を発揮した。応仁の乱中に、東西両勢力がぶつかりあう境界領域に権力の空白地帯が生まれた。そこに、「土一揆《つちいっき》をひきならして」地下人たちが創り出したのは、既存の秩序や社会関係をリセットし、互いの関係を平らかにならしていく方向性だった。

もちろん、この国一揆は、確かなかたちを持ったものとして長く存続していくことはなく、時間が経過する中で崩壊していったのだけれど、中世の最末期にいたるまで、「天下一同の徳政」や「地起」の文言が数多くの売券《ばいけん》から消え去ることがなかったのは、そのような可能性を持った徳政が、中世の人びとの意識の深いところに常に存在し、最後の最後まで彼らを魅了してやまなかったからである。

文体の共通性

新見庄から東寺に送られた多くの注進状の「文体」にも、目を向けなければならない。それは、漢字にひらかなとカタカナが交じり合った独特の文体で、しかも、口頭で語られるような、繰り返しの多い、脈絡を追いかけるのが難しい文章、それが、三職や百姓、代官や上使《じょうし》、また了蔵の注進状にも共通する特徴である。冷静な省察から生まれる簡潔な書きことばとは対照的な、声のことばをそのまま文字にしたようなものが、当て字も多い漢字とかなとが入り交じった文体で綴られている。彼らは、仕事を通じてこの文体を身に付けた。互いに文書をやり取りするうちに、容易に通じあえるこの文体が共有され、彼らの中に引き継がれていった。庄園制社会において、いなかと京都で、所務を実際に担いながら、互いにコミュニケーションしあってきた階層が生み出した文体である。東寺の公文所《くもんじょ》の寺官や下部、庄園の庄官・沙汰人・地侍《じざむらい》層、そして国人たちも、おそらくこうした文体を共有しながら、この頃の社会の中に同じような階層をなして活動していた。

応仁の乱から戦国乱世へとつながる時期に、「身代の入れ替わり」と言えるほどの社会の大改造がなされたと内藤湖南が指摘しているが、その下剋上《げこくじょう》の奔流の中軸をなしていたのが、この階層であった。そしてこの文体は、毛利元就が書き残した多くの書状の中にも見出すことができる。

三職注進状と百姓等申状

新見庄では、三職注進状が圧倒的に多い。百姓申状《もうしじょう》は、その内容を支持したり補完したりするものがほとんどである。他方、同じ東寺領でも太良庄《たらのしょう》では、百姓申状が多数書かれ、庄官の連署《れんしょ》注進状は少ない。その中で注目されるのが、嘉吉元年（一四四一）十月　日の公文慶賢が書いた年貢和市請文（『教王護国寺文書』一三四五）と（嘉吉三年）十一月　日の百姓申状（ツ函二七七）が同じ筆跡だ（『若狭国太良荘史料集成　第五巻』の口絵解説）という点である。新見庄の百姓等申状を誰が書いたのか定かではないが、ただ単に、三職注進状には庄官の意思が、百姓等申状には一般百姓等の意志が示されているというように、両者をまったく違うものととらえるのではなく、それらはともに在地の考えや意思を表わしたものとして理解したい。もちろん、在地の庄官・沙汰人・地侍層と一般百姓層とは利害を異にする面も多くあったが、だからといって、いつも常に対立していたわけではない。同じ事態に直面して、それを切り抜けるためにともに行動することも多くあった。ここで取り上げた新見庄の史料には、特にそういう面が強く出ている。

「寺家を寺家と仰ぎ奉り」、自らを「御領の御百姓」と位置づけてきた新見庄百姓等が、応仁の乱中に生まれた権力の空白地域に近隣の郷々の土一揆と連携して「国一揆《くにいっき》」と言えるような地域権力を生み出し、「はや、東寺の事は御かないもなげに候」と判断するようになる。東寺内部では、供僧等の衆儀を奉《うけたまわ》って下達する役割を担った公文所の寺官たちが、応仁の乱中には、その忠実な実行者ではなくなっていく。社会のさまざまな場で、従来の身分秩序が崩れていく。

同時代への認識

自分自身もそのただ中に身を置きながら、同時代の社会を冷静に見つめ、その核心を把握することはむずかしい。ましてや、それを的確なことばで表現するのは至難のわざである。今の時代に生きている私自身を振り返ってみて、つくづくそう思う。

ところが、新見庄の三職の一人、田所金子衡氏は、みごとにそれをやってのけた。「かかる日本国、乱世の時分」「いま《（今）》の時分は、ゐ中も京都も、うで《（腕）》を以てこそ、所おも身おも、もち候時分ニ候」という彼の同時代認識、「天下うちかえす程のこと」「世間ゆりしずめ」という社会状況のとらえかた、これらのことばは、それに一度でも接することができた者のうちに忘れがたい記憶を残す。これらを文字で表現した力量に驚かされる。自分の思いを文字にするのには、多くの経験と内省を必要とする。しかし、おそらく、衡氏と同じような文体を書き綴る多くの存在が、同じ時代認識を共有しながら、応仁の乱から戦国乱世へと続く時代を生きぬいていったに違いない。

あとがき

一九七〇年の春のおわりに、中世史で卒業論文を書くと決めた。大山喬平先生の前に行くと、すぐに「どこの庄園にするか」と尋ねられた。それまでにちょっとでも史料集をめくってみたことのある唯一の庄園だったので、即座に「新見庄」と答えた。その夏、現地だけは見ておこうと思って、新見に調査に出かけた。宿には同年配の若者たちが大勢いた。「すごい、新見庄を研究する人たちがこんなにいるなんて」と感激したが、翌日、彼らが向かったのは、蒸気機関車の三重連が走る現場だった。伯備線の勾配がきついところは、機関車を三輛繋いで客車を引っぱらなければ登ることができなかった。煙を三本はきながら走る迫力満点の写真を撮るために、彼らは新見に来ていたのだ。私は一人、新見庄の里方をまわり、さらにバスに乗って高瀬に向かった。新見庄の奥（高瀬）は意外に広く、田んぼが開けた山里だった。峠道を歩いて高瀬を向こう側に越えると、すぐに上石見駅に着いた。備中国から隣国まで、こんなにも近いのかと驚いた。新見庄の史料の中で、三職が「三ヵ国の境目」と何度もくりかえし語ることに、とても納得がいった。

ただ、駅には着いたものの次の列車がなかなか来なくて、ずいぶん長いあいだ、人っこ一人いないプラットホームで過ごした。

あれから長い年月が過ぎた。いろいろな庄園の史料を手がかりにして論文を書いてきたが、新見庄は私の中でいつも何かしら気にかかる存在であり続けた。新見庄関連史料のうちで特に注目したのは、三職注進状が集中して書かれた寛正二年（一四六一）から文明三年（一四七一）までの文書である。これらは他の時期のものと違って、いなかと京都を往還する文書の頻度と情報量の豊かさが際立っている。それらの語る内容に耳をかたむけ、室町時代の庄園で起こったできごとと人々の動きについて考えたのが本書である。

中世社会の同じ時期をともに生きた人たちは、互いの意志を声と文字を使って伝達しあった。何百年か後の時代に生きている私たちには彼らの声は聞こえてこない。声は「時間のかべ」を越えられないからである。しかし、今に伝わる内容豊かな文字史料を手がかりにすれば、彼らからの〝ことづて〟を聞くことができるかもしれない。本書での試みはまだまだ不十分であるが、これからも中世人の声のことばやそこにこめられた思いについて考えていきたい。

二〇〇七年から一〇年にかけて「三職注進状を読む会」を清水克行・高橋敏子・高橋傑・田中ひな子・徳永裕之・西尾知己の諸氏とともに開き、寛正二年から四年の文書について読み合わせをした。二〇一一年夏には海老澤衷氏の科研で実施された新見庄現地調査に参加し、四十年ぶりに新見の地に立った。さらに、翌一二年四月からは同氏の大学院の授業に加えていただき、毎回の発表や議論から多くの示唆を得た。また、辰田芳雄氏から新見庄三職・百姓等注進状リストの提示を受け、私の年代比定の不備を補った。似鳥雄一氏は「新見庄中分図」の転載を快諾され、高橋傑氏からはご自身が撮影された新見庄の写真を提供していただいた。本書は、これらの方々が与えてくださったご教示のたまものである。

この本も、私の最初の著書『中世のうわさ』と同じく吉川弘文館編集部の斎藤信子氏のご尽力を頂戴した。氏からは不統一な史料の引用に注意を喚起してもらうなど、全体にわたってご助言をいただいた。製作過程では校正や図版について同編集部伊藤俊之氏にごやっかいをおかけした。心から感謝を申し上げる。

二〇一三年、とりわけ暑かった夏に

酒井紀美

参考文献

岡山県史編纂委員会編『岡山県史　第二十巻　家わけ史料』（岡山県、一九八六年）
石田晴男『応仁・文明の乱』（戦争の日本史 九、吉川弘文館、二〇〇八年）
榎原雅治「中世後期の社会思想」（宮地正人他編『新体系日本史』四、山川出版社、二〇一〇年）
小川　信「中世の備中国衙と総社造営」（『國學院雑誌』八九―一一、一九八八年）
笠松宏至『日本中世法史論』（東京大学出版会、一九七九年）
笠松宏至『徳政令』（岩波新書 二一八、岩波書店、一九八三年）
勝俣鎮夫『一揆』（岩波新書 一九四、岩波書店、一九八二年）
勝俣鎮夫「家を焼く」（網野善彦他『中世の罪と罰』東京大学出版会、一九八三年）
勝俣鎮夫「中世の家と住宅検断」（『中世社会の基層をさぐる』山川出版社、二〇一一年）
久留島典子「領主の倉・百姓の倉」（『週刊朝日百科日本の歴史別冊　歴史をよみなおす』一三、朝日新聞社、一九九四年）
黒川直則「武家代官排斥の闘争」（稲垣泰彦編『荘園の世界』東京大学出版会、一九七三年）
酒井紀美「中世後期の在地社会」（『日本史研究』三七九、一九九四年。のち「徳政一揆と在地の合力」と改題し『日本中世の在地社会』吉川弘文館、一九九九年、に再録）

酒井紀美「戦乱の中の情報伝達」（有光友學編『日本の時代史』一二、吉川弘文館、二〇〇三年）
酒井紀美「中世法と在地社会」（歴史学研究会・日本史研究会編『日本史講座』四、東京大学出版会、二〇〇四年）
酒井紀美「「いなか—京」の情報伝達」（藤木久志編『京郊圏の中世社会』高志書院、二〇一一年）
酒井紀美「いなか—京の情報伝達と応仁の乱」（『応仁の乱と在地社会』同成社、二〇一一年）
坂田　聡『苗字と名前の歴史』（歴史文化ライブラリー二一一、吉川弘文館、二〇〇六年）
桜井英治『室町人の精神』（講談社版　日本の歴史　一二、講談社、二〇〇一年）
桜井英治『贈与の歴史学』（中公新書　二一三九、中央公論新社、二〇一一年）
清水克行「新見荘祐清殺害事件の真相」（東寺文書研究会編『東寺文書と中世の諸相』思文閣出版、二〇一一年）
末柄　豊「細川氏の同族連合体制の解体と畿内領国化」（石井進編『中世の法と政治』吉川弘文館、一九九二年）
高橋敏子「備中国新見荘地頭方政所屋指図について」（『東京大学史料編纂所附属画像史料解析センター通信』二四、二〇〇四年）
辰田芳雄『中世東寺領荘園の支配と在地』（校倉書房、二〇〇三年）
辰田芳雄『室町・戦国期備中国新見荘の研究』（日本史史料研究会研究叢書　六、日本史史料研究会、二〇一二年）
谷口守弘「「備中の土一揆」の一背景」（『日本史研究』一〇八、一九六九年）

徳永裕之「中世後期の京上夫の活動」（遠藤ゆり子・蔵持重裕・田村憲美編『再考中世荘園制』岩田書店、二〇〇七年）
富澤清人『中世荘園と検注』（中世史研究叢書、吉川弘文館、一九九六年）
冨田正弘「中世東寺の寺院組織と文書授受の構造」（『資料館紀要』八、一九八〇年）
冨田正弘「中世東寺の寺官組織について」（『資料館紀要』一三、一九八五年）
内藤虎次郎（湖南）「応仁の乱に就て」（一九二一年の講演。『室町時代の研究』星野書店、一九二三年）
永原慶二『下剋上の時代』（中央公論社版　日本の歴史　一〇、中央公論社、一九六五年）
似鳥雄一「備中国新見荘にみる名の特質と在地の様相」（『鎌倉遺文研究』二九、二〇一二年）
早島大祐『足軽の誕生』（朝日選書　八九四、朝日新聞社、二〇一二年）
藤木久志「応仁の乱の底流に生きる」（『ものがたり日本列島に生きた人たち』四、岩波書店、二〇〇〇年）
宮崎　肇「新見荘田所職文書案をめぐって」（第二回新見荘ワークショップ報告、二〇一一年）
安田次郎『走る悪党、蜂起する土民』（全集日本の歴史　七、小学館、二〇〇八年）
山田邦明『戦国のコミュニケーション』（吉川弘文館、二〇〇二年）
湯浅治久「室町～戦国期の地域社会と「公方・地下」」（『歴史学研究』六六四、一九九四年。のち『中世後期の地域と在地領主』吉川弘文館、二〇〇二年、に再録）
渡邊太祐「新見荘祐清殺害事件と豊岡成敗」（『日本歴史』七一八、二〇〇八年）

著者紹介

一九四七年、大阪府に生まれる
一九七六年、大阪市立大学大学院文学研究科
　博士課程単位修得退学
現在、茨城大学教育学部教授

主要著書
『中世のうわさ』（吉川弘文館、一九九七年）
『日本中世の在地社会』（吉川弘文館、一九九九年）
『夢語り・夢解きの中世』（〈朝日選書〉六八三、朝日新聞社、二〇〇一年）
『夢から探る中世』（〈角川選書〉三七六、角川書店、二〇〇五年）
『応仁の乱と在地社会』（同成社、二〇一一年）

歴史文化ライブラリー
372

戦乱の中の情報伝達
使者がつなぐ中世京都と在地

二〇一四年（平成二十六）二月一日　第一刷発行

著　者　酒《さか》井《い》紀《き》美《み》
発行者　前田求恭
発行所　株式会社 吉川弘文館
東京都文京区本郷七丁目二番八号
郵便番号一一三―〇〇三三
電話〇三―三八一三―九一五一〈代表〉
振替口座〇〇一〇〇―五―二四四
http://www.yoshikawa-k.co.jp/

印刷＝株式会社 平文社
製本＝ナショナル製本協同組合
装幀＝清水良洋

© Kimi Sakai 2014. Printed in Japan

歴史文化ライブラリー

1996.10

刊行のことば

現今の日本および国際社会は、さまざまな面で大変動の時代を迎えておりますが、近づきつつある二十一世紀は人類史の到達点として、物質的な繁栄のみならず文化や自然・社会環境を謳歌できる平和な社会でなければなりません。しかしながら高度成長・技術革新にともなう急激な変貌は「自己本位な刹那主義」の風潮を生みだし、先人が築いてきた歴史や文化に学ぶ余裕もなく、いまだ明るい人類の将来が展望できていないようにも見えます。このような状況を踏まえ、よりよい二十一世紀社会を築くために、人類誕生から現在に至る「人類の遺産・教訓」としてのあらゆる分野の歴史と文化を「歴史文化ライブラリー」として刊行することといたしました。

小社は、安政四年（一八五七）の創業以来、一貫して歴史学を中心とした専門出版社として書籍を刊行しつづけてまいりました。その経験を生かし、学問成果にもとづいた本叢書を刊行し社会的要請に応えて行きたいと考えております。

現代は、マスメディアが発達した高度情報化社会といわれますが、私どもはあくまでも活字を主体とした出版こそ、ものの本質を考える基礎と信じ、本叢書をとおして社会に訴えてまいりたいと思います。これから生まれでる一冊一冊が、それぞれの読者を知的冒険の旅へと誘い、希望に満ちた人類の未来を構築する糧となれば幸いです。

吉川弘文館

〈オンデマンド版〉
戦乱の中の情報伝達
使者がつなぐ中世京都と在地

歴史文化ライブラリー
372

2022年（令和4）10月1日　発行

著　者　酒《さか》 井《い》 紀《き》 美《み》
発行者　吉 川 道 郎
発行所　株式会社　吉川弘文館
〒113-0033　東京都文京区本郷7丁目2番8号
TEL　03-3813-9151〈代表〉
URL　http://www.yoshikawa-k.co.jp/

印刷・製本　大日本印刷株式会社
装　幀　清水良洋・宮崎萌美

酒井紀美（1947～）
ISBN978-4-642-75772-0

© Kimi Sakai 2022. Printed in Japan

JCOPY　〈出版者著作権管理機構 委託出版物〉
本書の無断複写は著作権法上での例外を除き禁じられています．複写される場合は，そのつど事前に，出版者著作権管理機構（電話 03-5244-5088，FAX 03-5244-5089，e-mail: info@jcopy.or.jp）の許諾を得てください．